God Save My Queen

Du même auteur

À moi les petits Français, Éditions du Rocher, 2017.

Louise Ekland

God Save My Queen

éditions du
ROCHER

Éditions du Rocher
28, rue Comte-Félix-Gastaldi – BP 521 – 98015 Monaco

editionsdurocher.fr

ISBN : 978-2-268-10700-4
EAN epub : 9782268107547

Préambule

Cela fait plus de vingt ans que je vis en France et, même si je suis maintenant fortement influencée par votre culture et votre art de vivre, je me sens vraiment, profondément et définitivement britannique, et je m'en suis rendu compte au début de l'année 2020.

C'était la crise, le covid-19 avait frappé et paralysait la société, j'étais confinée, je m'ennuyais, j'essayais de tenir le coup. Au programme de mes journées : Netflix, cuisine, sport, cuisine, Netflix, les 25 ans de *Taratata*, l'élaboration d'un gâteau au chocolat, l'école à la maison, des jeux de société, du sport en appartement ou dans la cour de l'immeuble, cuisine (encore), la chasse aux œufs de Pâques, cuisine (toujours)… *And once again!* Comme dans ce film culte d'Harold Ramis, avec Bill Murray : *Un jour sans fin*.

Comme tous les Français finalement, à un détail près. Chaque jour à 17 heures « pétantes » (clin d'œil à une lointaine émission de mon ami Stéphane Bern), j'ai compris que j'étais différente. Différente car génétiquement, instinctivement, intrinsèquement, je n'avais pas besoin d'un psy en ligne, ni d'un apéro virtuel, mais plutôt d'un thé.

Mes gènes criaient : « *I need a cup of tea.* » Vous ne le savez peut-être pas, mais le thé est le remède à tous nos problèmes, grands et petits, aux mystérieux virus et aux gros rhumes.

Tous les Britanniques vous le diront : si vous avez un souci, vous trouverez toujours chez votre confident, bonne copine ou meilleur ami, un thé au lait pour vous réconforter.

Pendant cette période si singulière et incertaine – historiquement nommée « premier confinement » ou « première vague », pour les surfeurs émérites –, le thé m'a fait du bien, il m'a rassurée, m'a redonné le sourire. Il a été le plus précieux des alliés. Mais il me faut le reconnaître, chers amis français : vous avez tous du thé dans vos placards et pour vous redonner le moral, vous pouvez, tout autant que moi, en abuser. En revanche, je suis désolée de vous le rappeler, nous possédons ce que vous n'avez pas : l'antidépresseur ultime, le médicament miracle, l'antidote imparable, la potion magique : la reine, *ma* reine, Sa Majesté, The Queen. Elizabeth II, née Elizabeth Alexandra Mary le 21 avril 1926, fille du prince Albert, duc d'York, futur George VI, et d'Elizabeth Bowes-Lyon.

Pourquoi la reine nous fait tant de bien ? Comment expliquer qu'elle est indispensable à notre vie ? Pourquoi je parle de *ma* reine, comme je parle de *mes* enfants ? Voilà des questions qu'on m'a souvent posées depuis que je vis dans votre « cher et vieux pays ». Sans aucun doute, nous aimons la reine. Pire (ou mieux) : elle est notre passion. Je ne crois pas que tous les Britanniques sont monarchistes mais chaque sujet de Sa Majesté est un peu (beaucoup, à la folie, passionnément) « fan » d'elle. À la manière d'une rock star ? Presque. Chaque individu qui habite de l'autre côté de la Manche ou dans un pays du Commonwealth l'admire et la porte intimement dans son cœur.

Comme moi, 83 % des Britanniques n'ont connu que la reine Elizabeth. Nous fêtons cette année ses 70 ans sur le trône. Le plus long règne de la monarchie britannique. Ces sept décennies lui ont permis de côtoyer 15 Premiers ministres. De Churchill à Boris Johnson, qui n'ont en commun que leur tour de taille. Un règne qui a permis à la reine de promulguer plus de 3 500 lois… et de compléter son immense collection de timbres, la plus imposante du monde, commencée par son aïeul Edward VII en 1856, et estimée aujourd'hui à plus de 100 millions de livres. Entre autres hauts faits d'armes et moments de bravoure.

Mais revenons à notre amour pour Sa Majesté. Cela vous paraît étrange, à vous Français, qui avez coupé la tête de ce pauvre Louis XVI, histoire d'en finir avec la royauté. Encore que, nous aussi, on ait bien aimé couper les têtes couronnées à une époque – mais on y allait à la hache, histoire de faire durer le plaisir. Charles Ier, là où il est, ne dira pas le contraire, ni ce gai luron d'Oliver Cromwell qui, le 30 janvier 1649 au soir, avait lâché ces mots : « Cruelle nécessité… » Mais ça, c'était quand on portait encore des fraises et des robes à crinoline et qu'on faisait la gueule sur les tableaux. Autre époque, autres mœurs ! Après cette passade légèrement barbare, on est passé à autre chose et on a fait revenir nos rois et nos reines. Il faut dire que, nous, on ne fait jamais rien comme les autres, et cela vous fascine. Notre héritage et notre histoire vous intriguent. Une preuve ? Dimanche 3 juin 2012, le Royaume-Uni célébrait les 60 ans de règne d'Elizabeth II. Toutes les chaînes d'info françaises avaient consacré leur après-midi aux festivités. France 2, la seule chaîne à retransmettre en intégralité le jubilé, a réuni en moyenne 3,6 millions de téléspectateurs, soit 26,3 % de part d'audience. Un sacré succès, dans la lignée de la retransmission du mariage entre le prince William et Kate Middleton : 9 millions de personnes étaient devant leur télévision au moment du baiser *so romantic*.

Pourtant, chers amis français, vous êtes souvent critiques (c'est ce qu'on aime aussi chez vous, je vous rassure) vis-à-vis de notre monarchie. Certains d'entre vous se plaisent à reprocher à notre reine son train de vie fastueux, le coût de son entretien, sa prétendue inutilité, les frasques de sa famille, son apparente dureté et même ses tenues flashy…

C'est pourquoi il faut bien que moi, petite (par la taille) fille de Liverpool (comme les Beatles), je me dévoue. Et vous explique une bonne fois pour toutes pourquoi nous, les Anglais, nous l'aimons tant, notre Elizabeth II.

J'ai décidé de répondre à vos interrogations, les plus fréquentes comme celles que vous n'osez pas formuler, et d'écrire ce livre comme un voyage au pays de la reine, à la manière d'une petite étude sociologique, modeste, drôle et pas du tout chiante. Je vais questionner notre identité British à travers cet attachement si particulier à la royauté. La modeste ambition de ce livre est de vous faire découvrir cette femme hors norme.

Comme la plus chevronnée des enquêtrices de terrain, ne reculant devant aucun danger, je vais donner la parole à certains de ses sujets qui vivent au pays et suivent les épisodes royaux en direct. Comme la plus extraordinaire des séries addictives. Ces sujets sont mes amis ou de simples connaissances. Des Britanniques avec lesquels j'ai travaillé ou fait mes études. Des professionnels de tous domaines ou encore des « expats » que j'ai rencontrés en France.

J'ai récolté de multiples réflexions, souvenirs, témoignages sur notre Queen afin de dresser un tableau fidèle des raisons qui font que nous chanterons encore longtemps « *God Save The Queen* » !

Send her victorious,
Happy and glorious,
Long to reign over us,
God save the Queen.

Elizabeth, c'est toute ma vie !

Ma grand-mère Doris (toujours de ce monde) avait seulement 3 ans quand Elizabeth II a vu le jour, le 21 avril 1926.

Ma petite maman était âgée de 6 ans lors du couronnement de la reine, le 6 février 1952.

Quant à moi, je l'ai toujours connue. Depuis ma naissance, les événements qui jalonnent ma vie sont rythmés par les fastes et les extravagances, les joies et les peines, les sourires et les larmes de la famille royale.

Je suis née l'année du premier divorce secouant l'apparente tranquillité de la famille royale : celui de la princesse jet-setteuse Margaret, sœur de la reine, et d'Anthony Armstrong-Jones, son sulfureux photographe. Margaret, une sacrée personnalité, surnommée

« la princesse rebelle ». Sur les photos, elle aimait s'afficher avec Mick Jagger ou les Beatles. Cigarettes (plus de trois paquets par jour) et gin étaient ses péchés mignons. En toutes occasions, elle n'en faisait qu'à sa tête.

J'ai 3 ans et je prends mes premiers cours de danse quand Charles, le fils aîné d'Elizabeth, épouse Diana Spencer, Lady Di. Un couple de légende dont l'histoire tragique m'attriste encore.

Journaliste à BFMTV, j'ai été envoyée à Londres pour couvrir le mariage de Kate et William, le 29 avril 2011, dans l'abbaye de Westminster, ou encore le 60e anniversaire du règne de la reine, un an plus tard. France 2 m'a également dépêchée dans la capitale anglaise pour le mariage de Harry et Meghan, le 19 mai 2018, à la chapelle Saint-George. Des souvenirs merveilleux, à jamais ancrés.

Et le plus beau jour de ma vie? Celui où j'ai été présentée à Elizabeth, lors d'une réception à l'ambassade de Grande-Bretagne à Paris.

Je me souviens précisément de ma joie, un mardi du mois d'avril, alors que je reçois l'invitation. Mon fils Sacha n'a même pas un an, je navigue entre les petits pots et les couches à changer et, tel un sésame, j'ouvre cette fameuse enveloppe estampillée avec *the royal stamp*! À l'intérieur, un bristol blanc orné d'une sublime écriture. *The British ambassador requests the company of Louise Ekland* bla bla bla… *Sa Majesté la Reine accompagnée de SAR le duc d'Édimbourg assistera à une garden-party donnée par Son Excellence Sir Peter Ricketts, Ambassadeur de Sa Majesté auprès de la République française…*

C'était en 2014, à l'occasion du 70e anniversaire du débarquement de Normandie. Ma mère, en apprenant la nouvelle, a failli faire une syncope. Elle avait hâte que le week-end arrive, pour retrouver ses copains au pub. La même petite bande se réunit tous les samedis, à midi, depuis vingt ans au Stanley Arms. Elle sait qu'elle fera des envieux avec sa nouvelle imbattable venue de Paris : sa fille va rencontrer The Queen !

Le 5 juin 2014, je me lève tôt. Avec un énorme problème : comment m'habiller ? Une robe ? Une jupe ? Ou bien une robe et un chapeau qui s'harmonisent parfaitement ? Ça n'a jamais été aussi difficile de choisir sa tenue. On fait comment ? On appelle qui ? Je ne connais personne ayant déjà rencontré la reine. Finalement, j'opte pour une robe chic sans chapeau car, depuis toutes ces années passées en France, je suis devenue plus sobre, vestimentairement parlant (*boring*, je sais).

À l'heure dite, je gagne l'ambassade, rue du Faubourg-Saint-Honoré. À l'entrée, Tess, la directrice de la communication, m'accueille et m'explique discrètement comment faire la révérence et, surtout, comment se comporter en compagnie royale. Règle 1 : quand la reine entre dans une pièce, tout le monde doit se tenir debout. Règle 2 : ne jamais tourner le dos à la reine. Règle 3 : lorsqu'elle se déplace, il faut lui laisser le passage, en s'écartant vers l'arrière. Règle 4 : contrairement à ce que dit la légende, vous avez tout à fait le droit de la regarder dans les yeux. Règle 5 : c'est la reine qui entame la discussion. Règle 6 : on ne pose pas de question à la reine. Il est plus prudent de la laisser guider la conversation, qui sera généralement brève, courtoise et faite de banalités.

Ancienne danseuse professionnelle, je pense ne pas être gauche, je ne suis pas encore trop rouillée. Une révérence ? Facile, *a piece of cake*, j'en ai fait des milliers en cours de danse classique, mais là, je ne sais pas, le doute s'installe, je ne veux pas être ridicule. Une révérence ? Rien de compliqué, pourtant. Brève génuflexion. Le pied droit derrière le talon gauche. La tête inclinée vers le bas. J'ai le trac comme jamais dans ma vie. Car « ma reine », celle que j'admire dans les magazines ou à la télévision depuis que je suis petite, l'Intouchable, va passer devant moi. S'arrêtera-t-elle ? Pas sûr, nous sommes nombreux. Deux cent cinquante invités, à la louche. Tess nous explique qu'elle viendra nous saluer... Elle va saluer 250 sujets? En même temps, c'est son métier. Sans doute y arrivera-t-elle facilement... surtout après une gorgée de pimms (la liqueur Pimm's N° 1 est très populaire au Royaume-Uni et se déguste à l'heure de l'apéritif, lors de cocktails ou de garden-parties et de barbecues) !

Le programme des réjouissances? Nous assistons d'abord à un spectacle des beefeaters dans le jardin. Les beefeaters? Ce sont ces hommes en uniforme rouge étrange avec des chapeaux bizarres qui gardaient la Tour de Londres autrefois. Aujourd'hui, la Tour de Londres étant dotée d'un système de sécurité ultra high-tech, les bijoux de la Royal Family sont gardés par une machine, et on a recyclé les beefeaters : ils sont désormais saltimbanques! Le spectacle est millimétré. Tous les convives sont sous le charme. Il y a des Britanniques qui vivent en France, des Français qui travaillent avec des entreprises britanniques. Tous les invités sont anglophiles et fiers de cet immense privilège d'« en être ». *To be or not to be*, on n'en sort pas, telle est toujours la question! Suite au show, nous nous mettons en rang. On encercle le jardin comme des petites fleurs. La reine fait son apparition et commence à effectuer son passage en revue. Elle marche tranquillement, en s'arrêtant tous les cinq mètres pour discuter avec quelqu'un. Derrière elle, son mari, le prince Philip, et pas loin d'eux, deux gars classes et costauds, les *bodyguards*. À droite de la reine, Tess remplit son rôle à merveille. Je comprends qu'elle a effectué une sélection drastique de personnes « intéressantes » à présenter à la reine. Secrètement, je rêve d'être sur la liste mais je n'ose y croire. Le temps passe très lentement, une drôle d'ambiance règne. Une atmosphère mêlant grand calme et quelques chuchotements, ici et là, telle une petite musique de fond (ou d'ascenseur). Elizabeth est à dix mètres de moi. Elle achève une conversation badine avec un chef d'entreprise. Tess, gentiment, encourage la reine à avancer. À mes côtés : un copain journaliste sportif, mon compatriote Darren Tulett. Je sais que lui comme moi sommes honorés d'être là. Nos parcours sont similaires et, en cet instant, nous portons le même rêve : raconter à nos mamans notre rencontre avec la reine. Sa Majesté poursuit son avancée. Et Tess fait en sorte qu'elle s'arrête devant… MOI ! J'ai le cœur qui saute dans ma gorge. J'effectue ma révérence en répétant dans ma tête les actions indiquées par Tess : « Courbe la tête légèrement vers l'avant, pied droit derrière pied gauche, plie tes genoux, reviens à ta position initiale avec grâce. » Lizzie est maintenant à 70 cm de moi. Je suis hypnotisée par ce visage que je connais tant. Elle me semble minuscule même si elle est, sur le papier, plus grande que moi. Elle mesure 1,63 mètre mais avec les années, elle a dû perdre quelques centimètres. Qu'est-ce que je ressens précisément à ce moment ? Mon émotion est impossible à définir. Je me sens submergée. Au cœur de ces secondes si attendues s'entrelacent en moi plaisir, fierté, joie profonde et timidité.

Tess s'exprime en anglais. Son petit discours a visiblement été bien réfléchi :

« Your Majesty, je vous présente Louise Ekland, journaliste culture et sport à la télévision et la radio. Elle parle français parfaitement, on n'entend même pas son accent.

LA REINE : *Oh, how lovely!*

MOI : J'adore la langue et le pays. D'ailleurs, la France m'a bien accueillie.

LA REINE : *How wonderful, dear!* »

Et voilà. Fin de notre rencontre. Bye bye, your Majesté.

Bien sûr, ce moment était d'une brièveté exemplaire. Mais je l'avoue : quelle intensité pour moi ! Alors que la reine poursuit son chemin, une petite larme coule sur ma joue (je suis très émotive, j'ai déjà pleuré devant *La Roue de la fortune*…). Je n'en reviens pas : j'ai rencontré la reine ! Moi, petite Louise de Liverpool, issue d'une famille modeste. Ma mère va être si fière !

Je ne suis pas la seule de ma famille à avoir rencontré une reine ou un membre de la famille royale. Mon arrière-grand-mère maternelle, Lucy Harrison, était scolarisée dans le centre de Liverpool. La reine Victoria – qui fut reine du Royaume-Uni, de Grande-Bretagne et d'Irlande du 20 juin 1837 jusqu'à sa mort en janvier 1901 – est venue visiter la ville, y compris l'école de mon arrière-grand-mère. Lucy n'avait que 5 ans. Elle s'était alignée au premier rang pour voir Sa Majesté. Il paraît que Lucy était une enfant légèrement espiègle, voire turbulente. Elle avait du mal à rester en place, elle gigotait dans tous les sens. Bonne mère, Victoria a fait semblant de ne pas remarquer les bêtises de cette petite fille pas très sage. La « rebelle attitude » est donc un truc de famille chez les Ekland…

Puis il y a eu ma chère et tendre maman. En 1977, Elizabeth II célèbre son jubilé d'argent, marquant ses 25 années de règne. Des célébrations et des cérémonies ont lieu dans tout le Commonwealth et sont généralement organisées au moment de la visite de la souveraine. Ces festivités réaffirment la popularité de la reine, malgré une couverture médiatique « taquine » (pour le dire poliment) du divorce de la princesse Margaret. À cette occasion, la reine Elizabeth s'est rendue à Bootle, une ville proche de Liverpool. À l'époque, ma mère y travaillait à la mairie, en tant que cheffe de l'équipe de dactylographie.

Dans South Park, au cœur de la ville, une célébration avait été organisée en présence de Sa Majesté. Toutes les écoles du quartier étaient présentes. Elizabeth assistait à un spectacle de gymnastique depuis une petite estrade. Elle était simplement accompagnée de son mari le duc d'Édimbourg et de son équipe de sécurité. Quand soudain un petit enfant dans le public a jeté un jouet au-dessus de la ligne de sécurité. Ma mère se tenait juste derrière cette ligne. La reine, à qui rien n'échappe (bien évidemment) a fait signe à ma mère d'aller chercher le jouet et de le rendre à l'enfant. Si ma mère l'avait fait sans autorisation, elle aurait probablement été abattue (je suis dramatique mais on ne joue pas avec la sécurité de la reine). Maman n'a pas échangé de mots avec sa Majesté mais leurs regards se sont croisés. Quelle fierté pour notre famille ! Dans ses souvenirs, la reine semblait très jeune et belle, et tout Bootle était ravi de la voir.

Dans sa jeunesse, ma mère a travaillé avec un certain Ken Maddocks, qui lui a raconté que, lorsqu'il était petit, ses parents avaient déménagé dans une maison près du château de Balmoral en Écosse. En guise de château, il s'agissait d'un grand manoir situé à mi-chemin des localités de Braemar et de

Ballater, sur les rives de la rivière Dee, dans la région d'Aberdeenshire. Ce petit coin de paradis appartient à la famille royale depuis plus de cent soixante ans. Lors de ses balades en famille près du château, Ken voyait souvent la reine Elizabeth et sa sœur jouer derrière le portail en fer de Balmoral et il avait l'habitude de leur adresser un signe de la main en passant. Ken était à l'époque loin d'imaginer le destin de cette jeune fille.

Quant à mon papa, lui a vu une princesse. À l'époque des problèmes conjugaux de Charles et Diana, mon père se promenait près de Southport (une station balnéaire à proximité de Liverpool) lorsqu'une voiture chic s'est arrêtée au feu à côté de lui. Son œil d'ancien mécanicien est toujours attiré par les belles bagnoles. C'était une Mercedes et la vitre était baissée. À l'intérieur de l'habitacle, l'exquise princesse Diana semblait préoccupée. Même si elle était perdue dans ses pensées, elle a malgré tout adressé un joli sourire à mon père (le sens du devoir). Plus tard, nous avons appris que, ce jour-là, elle était en route pour inaugurer une maison de retraite. Mon père, lui, n'a jamais oublié cette dentition parfaite.

Dans ma famille, je suis celle qui a eu la chance de rencontrer la reine, de très près, en chair et en os, mais quand on est British, on connaît forcément quelqu'un qui a croisé la reine, qui l'a vue de loin ou qui a reçu une lettre de sa part. Georgina French, une de mes amies, se souvient : « Ma mère a rencontré Diana lors d'un gala de charité et ma fille était en classe avec un enfant dont le père est le filleul du prince Charles. » Quel honneur ! David Raynor, mon ancien directeur du lycée, m'a confié : « Mon grand-père a rencontré la reine vers 1949. Il était maire de Southport et elle n'était encore que la princesse Elizabeth. » Lorsque je lui ai demandé à quoi elle ressemblait, il m'a répondu : « Ce n'est qu'une goutte de fille. Pas d'air et de grâce, mais une belle combinaison de dignité et d'humilité. » Il n'y a qu'un Anglais pour faire une réponse aussi excentrique.

Vous l'aurez compris, Elizabeth II nous appartient à tous et nous sommes fiers et heureux de pouvoir raconter et partager nos histoires royales, aussi anecdotiques soient-elles.

Les bégaiements de l'Histoire

Alors que nous célébrons cette année son jubilé de platine, il paraît inimaginable de penser qu'Elizabeth n'aurait jamais dû être reine ! Il s'en est fallu d'un rien pour que ma Queen n'apparaisse que très lointainement sur les tablettes de l'histoire. Elle aurait été une princesse comme une autre, menant sa jolie vie de princesse. Avec une enfance heureuse occupée à jardiner, s'amuser avec ses chiens, tout en fréquentant les meilleures écoles du pays. Avant, évidemment, de trouver un beau prince charmant. Pas de rendez-vous hebdomadaire avec Churchill. Pas de visites officielles dans tous les États du monde. Et, pire encore, pas de série *The Crown* !

À sa naissance, en effet, la petite Lilibeth – ainsi que la surnomme avec affection toute l'Angleterre –, cette « petite chérie avec un très joli teint et de beaux cheveux blonds », ne figure qu'en troisième position dans l'ordre d'accession au trône. Le souverain régnant est alors son vieux grand-père, George V. C'est Edouard, l'oncle d'Elizabeth, qui doit lui succéder. La probabilité de la voir régner est donc aussi faible que celle de voir le PSG remporter la Champion's League (ce n'est qu'un exemple, bien sûr...). Que s'est-il donc passé pour que le cours de l'histoire soit renversé ? La famille royale a l'art des rebondissements les plus trépidants, quelle que soit l'époque !

Le 20 janvier 1936, George V sent que l'heure de sa fin est arrivée. À une infirmière qui lui administre des sédatifs afin d'adoucir son agonie, il lance ces ultimes mots : « *God damn you !* » (« Soyez maudite ! ») C'est donc Edouard qui succède à son père sous le nom royal d'Edouard VIII. Si les qualités du nouveau roi sont nombreuses (il s'est notamment battu comme un lion pendant la Première Guerre mondiale au sein des forces armées britanniques), il éprouve peu d'intérêt pour les protocoles de la cour, ce qui inquiète très rapidement les observateurs politiques. Sera-t-il à la hauteur de sa mission ? Le problème d'Edouard est sa passion, une incandescente et obsessionnelle passion pour les femmes en général, et plus particulièrement les femmes mariées (et souvent plus âgées que lui). Il les aimait avant d'accéder au trône, et les aime plus encore depuis qu'il est roi. Peu de temps après le commencement de son règne, coup de tonnerre : Edouard demande en mariage une mondaine américaine, Wallis Simpson, belle brune dont la vie paraît scandaleuse aux prudes âmes anglaises. En effet, après avoir divorcé de son premier mari, elle est en cours de séparation avec son second époux. Pour Edouard, elle est tout simplement « la femme qu'(il) aime ». Le peuple britannique peut-il accepter l'union de son monarque avec une femme, aussi charmante soit-elle, divorcée deux fois, et dont les deux ex sont toujours en vie ? La réponse est non. Avec en toile de fond la montée du nazisme (pour lequel il semble avoir quelques faiblesses), Edouard n'a d'autre choix que d'abdiquer. Glorieux record : non seulement Edouard VIII a eu l'un des règnes les plus courts de toute l'histoire de la monarchie britannique, mais surtout, il n'a jamais été couronné !

Le 11 décembre 1936, le destin d'Elizabeth se précise puisque c'est son père, Albert, « l'homme qui ne voulait pas être roi » (notamment à cause de son bégaiement, qui le complexait terriblement, un handicap qu'il parviendra toutefois à surmonter avec grâce), qui succède à Edouard, sous le nom de George VI. Si vous voulez approcher au plus près la personnalité si attachante d'Albert, je ne peux que vous inciter à visionner ce film magnifique, *Le Discours d'un roi*. Dans le rôle principal, Colin Firth, acteur d'exception que j'adore, livre une prestation fabuleuse !

Dans un contexte européen, et mondial, difficile, marqué notamment par la Deuxième Guerre mondiale et la dissolution de l'Empire britannique, le roi tient le coup, et fait de son mieux. Il est aimé de ses sujets, et admiré par sa fille. Notamment pour les mots adressés au peuple britannique, le 6 juin 1944, jour du D Day. Des mots de force, de courage, d'espoir, des mots pour l'histoire[1].

Portée par les mots de son père, Elizabeth (qui a participé à l'effort de guerre en conduisant les ambulances des armées, sous le matricule 230873) l'est tout autant par son amour, né alors qu'elle était adolescente, pour Philip de Mountbatten, prince de Grèce et du Danemark. Bien sûr, Queen Mum tique un peu devant ce beau jeune homme qui n'est pas britannique, et dont les sœurs se sont entichées d'aristocrates allemands. Mais le cœur d'Elizabeth est intraitable. Elle aime Philip, n'aime que lui, et personne ne la détournera de son amour. Pas même sa

1. Voir annexe p. 167.

mère. Elizabeth a déjà, toute jeune, un sacré caractère. Et ça fonctionne à merveille, puisque le 20 novembre 1947, Philip et elle se marient.

Elizabeth savait-elle que son père était malade ? Oui. Le stress provoqué par la Seconde Guerre mondiale n'avait pas aidé à fortifier la santé déjà fragile de George VI. Gros fumeur, il avait dû soigner un cancer des poumons. Elizabeth, souvent, devait le remplacer pour représenter la Couronne lors de manifestations officielles. Le 6 février 1952, alors qu'elle était en voyage au Kenya avec Philip et leurs enfants, elle ne se doutait pas que sa vie allait définitivement basculer. À Londres, son père est mort dans son sommeil. Elizabeth apprend la nouvelle très tôt le matin. Le peuple britannique, lui, est prévenu par une annonce de la BBC, en fin de matinée. En fin d'après-midi, la princesse Elizabeth est proclamée reine du Royaume-Uni. Ainsi va la vie de notre monarchie. Le roi est mort ? Vive la reine ! Soixante-dix années plus tard, Elizabeth, qui ne voulait pas, qui ne devait pas être reine, est toujours Notre Majesté et nous la voulons encore, de nombreuses années, sur le trône et dans nos cœurs !

À ce sujet, j'ai quelques comptes à régler avec ceux qui commentent que la reine ne veut pas laisser sa place ! Eh bien, chers *Froggies*, je peux vous dire qu'à bientôt 96 ans, notre Queen nous est plus dévouée que jamais ! Si vous lancez les paris sur son abdication au profit de Charles ou de William, vous perdez votre temps et votre argent... Ça n'arrivera jamais ! Voici quelques raisons pour lesquelles je vous conseille de jouer au loto plutôt que de vous improviser bookmaker avec la Couronne.

Si, en Europe, la tradition veut que certains monarques se retirent après avoir atteint un âge canonique, comme aux Pays-Bas par exemple, ce n'est pas le cas au Royaume-Uni. Bien au contraire, l'abdication va à l'encontre des règles de la monarchie. Et pour la petite histoire, lorsque le prince Edouard VIII a abdiqué en 1936 pour épouser Wallis Simpson, ça a dégénéré en crise constitutionnelle.

Depuis 2017, date du départ à la retraite du prince Philip, la reine se fait accompagner par son fils et ses petits-fils lors des événements publics. En 2022, il est probable que de plus en plus d'engagements seront honorés par le seul prince Charles ou par le prince William et Kate Middleton, duc et duchesse de Cambridge. En déléguant ses fonctions à sa famille, Elizabeth démontre une nouvelle fois sa capacité à gouverner. Pourquoi abdiquer quand on a un tel talent pour se débarrasser des corvées ?

Enfin, moi, petite British, et tous les Britanniques, nous ne voulons pas que la reine abdique. Notre amour pour elle va bien au-delà de nos sentiments pour la monarchie. On aimerait tellement qu'elle soit immortelle ! Et même si, selon plusieurs sources, le gouvernement a déjà organisé une répétition générale de ses funérailles (nom de code « London Bridge »), jusque dans la mort, Elizabeth demeurera la reine.

Notre mère (grand-mère, arrière-grand-mère, arrière-arrière-grand-mère…) à tous

Le 5 avril 2020, la reine Elizabeth II s'est adressée à la nation et au Commonwealth[1]. Il fallait une parole forte face à la crise provoquée par le coronavirus, cette épidémie mortifère qui avait frappé le monde et tarde à nous laisser en paix. Nous vivions tous des jours et des nuits d'angoisse. Presque trois semaines après le début du confinement, j'avais besoin d'entendre des mots d'espoir, des mots d'infinie sagesse. J'avais besoin d'être happée par les pensées attentionnées de celle qui occupe une position souvent solitaire, gardienne du temple de nos vies, celle qui sait prendre du recul,

1. Voir annexe p. 171.

notre meilleure historienne. Elizabeth II est une leçon d'histoire vivante, ayant connu et subi la Seconde Guerre mondiale et les conflits ultérieurs auxquels la Grande-Bretagne a participé, sans parler des troubles et bouleversements à l'intérieur de sa propre famille.

Je ne peux le cacher : la reine ne m'a pas déçue ! Elle a livré un discours poignant d'un peu plus de quatre minutes. Un speech qui a eu l'étrange effet de rendre la crise plus réelle. La reine habituellement parle si peu. La rareté de sa parole publique la rend d'autant plus précieuse, et salvatrice. Son discours exceptionnel du 5 avril 2020 n'était que le cinquième du genre depuis le début de son règne. Un discours d'une telle intelligence sensible, chacun des mots d'Elizabeth était savamment pesé, à la manière d'un baume apaisant les douleurs. Elle a naturellement remercié le peuple britannique d'avoir respecté les règles édictées par le gouvernement et d'être resté chez soi. Elle a félicité celles et ceux qui, au quotidien, étaient sur la ligne de front du NHS (notre service de santé public). La reine n'exclut personne. Elle respecte toutes les religions, tous les croyants, et tout autant ceux qui ne croient en rien.

À la différence du premier discours du président Macron, Elizabeth II n'a pas choisi de faire référence aux combats de la Deuxième Guerre mondiale, une guerre qu'elle a pourtant intimement connue. Son approche était différente. Elle a préféré comparer le confinement – qui permet de protéger les plus fragiles d'entre nous – aux sacrifices qu'ont faits de nombreuses familles pendant la Seconde Guerre mondiale. Elle s'est rappelé sa toute première adresse radiophonique, en 1940, lorsqu'elle (princesse tout juste âgée de 14 ans) et sa sœur Margaret ont parlé aux enfants évacués. Une adresse qui s'achevait par ces mots bouleversants :

« Nous savons, chacun de nous, qu'à la fin, tout ira bien ; car Dieu prendra soin de nous et nous donnera la victoire et la paix. Et quand la paix viendra, souvenez-vous que ce sera à nous, les enfants d'aujourd'hui, de faire du monde de demain un endroit meilleur et plus heureux. »

Avec le souvenir, ancré dans son cœur, de la jeune fille qu'elle était en 1940, en pleine tourmente, la reine a su, quatre-vingts ans plus tard, nous rappeler la nécessité des sacrifices qui doivent parfois être endurés par tous. Sa longue et précise connaissance de l'histoire de la Grande-Bretagne toujours en écho. Car oui, Elizabeth a traversé des moments terribles (même si c'était dans un palais), mais elle est la preuve vivante que nous pouvons nous en sortir. Avec force et volonté.

Derrière chaque parole de la reine se cache une vie à la richesse inouïe, une vie de devoir et de foi, une vie exemplaire. Elizabeth est notre moraliste des temps modernes, témoin privilégié de la manière dont une nation peut lutter contre un grand mal, et ne pas perdre courage. Quand la reine parle, on écoute. Quand elle évoque les qualités du peuple britannique – « l'autodiscipline, le calme, la bonne humeur et la franche camaraderie » –, on sait qu'elle incarne, comme personne, une institution qui a contribué à façonner notre caractère national au fil des siècles. Quand elle porte le plus beau des messages d'espoir, enraciné dans l'histoire et la mémoire – « Nous devrions être rassurés que même si nous avons encore plus à endurer, des jours meilleurs reviendront » –, je la crois. Et sa conclusion, en rappel des difficultés passées et surmontées, serre la gorge et le cœur : « Nous serons à nouveau avec nos amis, nous serons à nouveau avec nos familles, nous nous reverrons. »

We'll Meet Again est une chanson rendue célèbre par Vera Lynn. C'était l'hymne officieux du pays pendant la Seconde Guerre mondiale. En Angleterre, nous connaissons tous cette chanson. Elle fait partie de notre culture populaire. À la fin du discours de la reine, le 5 avril 2020, je n'étais pas la seule Britannique, je le sais, avec cette mélodie d'espérance qui résonnait dans ma tête et dans mon cœur. Comme une mère ou une grand-mère, Elizabeth II rassure son peuple. Nous avons beaucoup de chance d'avoir une figure aussi respectée pour nous guider.

D'autant que, il ne faut pas l'oublier, Sa Majesté est sacrée. Lors de son couronnement, elle a reçu les saintes huiles. Il est donc difficilement pensable qu'elle puisse abdiquer. Ce serait véritablement un crime de lèse-majesté ! La reine a dit, le jour de ses 21 ans : « J'accomplirai cette mission jusqu'à mon dernier souffle. » De son côté, Churchill disait : « Quand on perd une bataille, c'est la faute du Premier ministre, quand on gagne la guerre, c'est grâce au roi et à la reine. »

Aujourd'hui encore, si l'on tient face à des crises sanitaires ou économiques, il n'y a pas à tortiller : c'est grâce à la reine ! Pour achever de s'en convaincre, il suffit de tendre l'oreille et d'écouter la parole de quelques sujets (choisis bien évidemment au hasard) :

Janis Beech : « Je pense que c'est une femme merveilleuse et stable qui est au-dessus de la stupidité politique. Elle est restée ferme et calme tout au long de son règne et a fait son devoir envers notre grand pays sans se plaindre. Même maintenant, à son grand âge, elle continue de servir. Quel modèle fantastique pour nous tous ! »

Jennifer Chamberlin : « J'ai tellement de respect et d'admiration pour elle. Ma mère et moi parlions d'elle hier soir, disant que la dernière décennie ne devait pas être facile pour elle. »

Ma mère : « La reine et sa famille proche sont un véritable atout pour le pays. Elle est de loin la plus respectée des *Royals* et a vu une énorme quantité d'histoires, de joie, d'agitation, de tragédies et de folie. Le monarque fait véritablement partie de l'identité britannique. »

Un soldat anonyme de ma petite armée d'amis : « Les *Royals* ne sont pas parfaits, ce qui les rend bien sûr humains et accessibles, d'une certaine manière, et nous donne un sentiment de communauté. Il est également rafraîchissant de savoir que la reine est neutre et n'a aucune influence politique. »

Après 70 ans de règne, malgré les scandales autour de son fils Andrew, pris la main dans quelques culottes « offertes » par le maléfique Jeffrey Epstein, et le départ de Harry et Meghan vers des horizons plus hollywoodiens, la reine, ainsi que la monarchie, reste très populaire. Selon un sondage de l'institut YouGov réalisé fin 2019, 80 % des Britanniques ont une opinion positive d'Elizabeth II et 70 % se déclarent en faveur de la monarchie. J'en connais quelques-uns, en France, qui rêveraient de la moitié d'une telle popularité…

Une châtelaine qui sait recevoir

Si la vie de château nous fascine tous, quel est le quotidien de la reine en son palais de Buckingham ?

À 9 h 15 (7 h 30 quand elle était plus jeune), elle est réveillée par une femme de chambre qui ouvre délicatement les rideaux de la pièce. Ensuite, les premiers à pénétrer à l'intérieur de la chambre royale sont ses corgis. Ces drôles de chiens courts sur pattes, vifs et joyeux, font partie intégrante de l'image de la reine. Impossible de l'imaginer sans eux. Il n'y a guère que pendant son sommeil qu'ils sont séparés d'elle.

Après les premiers jappements et câlins canins, commence la lecture de la presse. D'abord le *Daily Mail*, publié depuis 1896. Un journal assez touffu au format tabloïd, l'un des plus influents du pays, proche du parti conservateur. Il est lu par la classe moyenne anglaise, dont les voix font et défont les gouvernements. Sport, culture et people sont à l'honneur dans les pages du journal, mais la politique britannique et les infos internationales ne sont pas négligées pour autant. En revanche, le *Daily Mail* est parfois critiqué pour son manque de vérification, et accusé de sensationnalisme. Sa devise est celle de la couronne britannique : « Dieu et mon droit ». Une devise écrite en français car elle date de la conquête normande du XIe siècle, lorsque Guillaume le Conquérant s'installa sur le trône.

Après le *Daily Mail*, la reine jette un coup d'œil plus général à la presse « à sensation » (une spécialité bien de chez nous !), sans se détourner bien sûr des journaux plus sérieux, mais elle termine toujours son petit déjeuner par sa lecture passion : un quotidien hippique, le *Racing Post*. Une coquetterie à noter : tous les journaux ont été repassés par un majordome avant d'être posés sur la table, pour éviter que la souveraine ne se salisse les doigts avec l'encre.

Qu'en est-il du petit déjeuner de la reine ? Bacon, beans, eggs and toasts ? Non, pas d'*English breakfast* pour Sa Majesté ! Elizabeth déjeune de céréales Kellogg's, qu'elle peut accompagner de fruits et de yaourt. Parfois, elle déguste également quelques tartines avec de la marmelade. Sans oublier, évidemment, son thé ! Du Earl Grey nature (Twinings, je crois), sans lait ni sucre, dans une tasse en porcelaine de Chine.

Après les figures imposées du matin, les journées d'Elizabeth II sont souvent chargées : rendez-vous, cérémonies, réceptions, remises de décoration... Avant de recevoir des personnalités, la reine a étudié une fiche établie sur chacune d'entre elles (elle fait son travail comme une vraie journaliste). Cela lui permet d'avoir un mot particulier pour tous. Les cérémonies de remise de décoration durent environ deux longues heures, pendant lesquelles elle reste debout, le sourire aux lèvres. Le secret d'Elizabeth pour rester stoïque en toute occasion ? « Vous vous calez sur vos pieds, bien en équilibre, et rien ne bouge », a-t-elle confié un jour à une dame de compagnie.

Évidemment, pour garder toutes ses forces et éviter une regrettable crise d'hypoglycémie, un déjeuner roboratif est nécessaire. Mais attention, il existe de strictes consignes alimentaires pour contenter la reine. Des sushis ? Non, elle ne mange pas de poisson cru. Pas de crevettes non plus, ni d'huîtres ni de crabe. Le risque d'intoxication alimentaire est trop important. Un bon tartare de viande charolaise ? Malheur ! La viande saignante est aussi bannie. Comme les plats épicés. Oublions donc le chicken tikka masala. Des tapas avec un bon aïoli ? Que nenni. Pas d'ail à Buckingham, la reine en déteste l'odeur et le goût. Que reste-t-il alors à savourer ? Des fishs & chips ? Ou peut-être Elizabeth préfère-t-elle manger… liquide? Si j'en crois la légende (une enquête menée par Business Insider), la reine boirait avant chaque déjeuner un gin-Dubonnet (un vermouth aromatisé créé par le chimiste français Joseph Dubonnet). Puis elle prendrait au déjeuner un bon petit verre de pinard (à la française, bien sûr).

Son modeste déjeuner avalé (et bu !), Sa Majesté peut poursuivre son marathon. Elle a même le pouvoir d'anoblir monsieur-Tout-le-Monde, des gens qui ont réalisé quelque chose d'extraordinaire, et bien sûr des stars du showbiz. Un honneur suprême auquel le plus blasé des rockeurs ne résiste pas. Mick Jagger, Lewis Hamilton, Pierce Brosnan, Colin Firth, Salman Rushdie ou encore Paul McCartney peuvent aujourd'hui se prévaloir du titre de Sir. Une vraie fierté pour chacun. Seul le plus jeune fils de Bono, le chanteur de U2, qui accompagnait son père fait chevalier de l'ordre de l'Empire britannique, a été vraiment déçu. Il s'attendait à voir son papa se transformer, d'un coup, en Jedi avec une épée laser ! Les femmes honorées, reçoivent, quant à elles, le titre de Dame. Dans la liste des actrices anoblies, Judi Dench, M dans les *James Bond*, Elizabeth Taylor, Kristin Scott

Thomas ou encore Angelina Jolie (oui, elle est américaine… mais on a rien contre les yankees).

Chaque année, la reine Elizabeth II accueille environ 50 000 personnes au cours des banquets, déjeuners, dîners, réceptions et autres garden-parties qu'elle organise. Ce qui me paraît un score très honorable pour une maîtresse de maison !

En 2015, le journal *The Telegraph* rapportait que la reine avait honoré 341 engagements ou déplacements dans l'année. Plus que le prince Harry, le prince William et Kate réunis ! Assez impressionnant pour une nonagénaire. Qui semble ne jamais s'arrêter, comme le lapin de la publicité pour les piles Duracell… Elizabeth est aussi le colonel en chef des forces armées. Elle préside de nombreuses cérémonies militaires. Cheffe de l'Église anglicane, elle nomme également les nouveaux archevêques, évêques et doyens au poste de gouverneur suprême de l'Église d'Angleterre.

On s'arrête là, le temps d'une petite pause ? Sûrement pas !

Elizabeth reçoit environ 300 lettres par jour. Elle utilise une encre noire pour répondre aux courriers officiels et une encre verte pour sa correspondance privée. Car la reine répond à tout le monde… même aux *Frenchies* ! L'oncle d'une amie française lui avait écrit, un jour, une lettre pour lui fait part de toute son admiration. Quelle ne fut pas sa surprise de recevoir, en retour, un courrier de remerciement signé de la main de Sa Majesté ! Une royale attention, non ? Et l'oncle de mon amie française n'avait même pas joint une enveloppe timbrée à son courrier initial ! Il est vrai que la reine a à sa disposition de nombreux secrétaires. Buckingham Palace ne s'appelle pas la Firme pour rien. Mais peu importe : tout, chez Elizabeth, est le signe d'une exquise politesse.

La reine n'étant pas totalement une super héroïne Marvel, elle ne peut pas être à deux endroits à la fois. Il lui arrive donc de dépendre du reste de la famille royale, qui l'aide à remplir ses engagements et à se connecter avec le public. En véritable *dream team*, la famille royale compte environ 2 000 fiançailles, elle divertit 70 000 invités et répond à 100 000 lettres chaque année. Quel palmarès !

Mais quel que soit l'emploi du temps de la reine, un rite est immuable. Et c'est Charles qui en parle le mieux, lorsqu'il confie : « À 17 heures, la vie de ma famille s'arrête pour le thé. » Un trait commun qu'Elizabeth partage avec ses sujets (dont moi). Et la reine en personne prend les choses en main : elle fait bouillir de l'eau de Malvern pour se préparer another Earl

Grey, accompagné de scones tièdes et de sandwiches aux concombres.

Quand elle n'a pas d'engagement officiel, Elizabeth II aime dîner à 20 h 30 précises dans sa salle à manger, devant la télévision. Un bon plat de pâtes ? Surtout pas. Les glucides sont interdits le soir. Ce qui exclut également riz et pommes de terre. Heureusement, pour ne pas trop perdre sa bonne humeur, à la fin du repas, Elizabeth a l'habitude de boire un martini sec, un petit plaisir qu'elle prolonge, juste avant de se coucher, en dégustant une coupe de champagne.

Hormis ces sympathiques petits moments de paix, régner est une sacrée responsabilité mais la reine aime sa mission. Son objectif a toujours été clair. Dans son discours radiophonique du 21e anniversaire et dans son discours de couronnement, Elizabeth s'y est engagée : « Je déclare devant vous tous que toute ma vie, qu'elle soit longue ou courte, sera consacrée à votre service et au service de notre grande famille impériale à laquelle nous appartenons tous. »

Femme ô combien sérieuse, la reine sait ne pas se prendre au sérieux. Dans un de ses salons de Balmoral, elle possède un coussin rouge sur lequel est inscrit : « C'est bon d'être la reine ».

She's the Boss

Depuis son plus jeune âge, la reine est entourée d'un staff important qui l'épaule dans ses obligations quotidiennes. Car des corvées, la reine n'en manque pas.

Dames, écuyers, officiers, héréditaires ou nommés, aristocrates de naissance ou anoblis, femmes de ménage, cuisiniers, jardiniers, la liste de ses employés est impressionnante. Prêts pour la revue des troupes ?

Le grand chambellan dirige les 1 200 employés du palais. En général, il s'agit d'un membre distingué de l'aristocratie. À ne pas confondre avec le grand chambellan et porte-clés, en charge des relations d'Elizabeth II avec le Parlement. « Porte-clés » : ce mot m'a toujours fascinée. Petite, j'imaginais qu'il portait sur lui les clés de toutes les pièces des palais de Sa Majesté.

Elizabeth dispose aussi d'un secrétaire privé qui fait le lien entre elle, la Chambre des lords et les gouvernements de ses 15 royaumes. Et ce n'est pas tout. Il revient par charge héréditaire au duc de Norfolk, comte-maréchal, d'organiser les couronnements et les grandes cérémonies d'État. Un gardien de la Bourse privée, quant à lui, s'occupe des finances royales, de l'information et de la conservation des bâtiments. Un baron maître des chevaux est pour sa part en charge des écuries et équipages de Sa Majesté. Enfin, à l'occasion des banquets d'État, la présentation des invités est assurée par le duc d'Abercorn. Ça en fait du duc, du lord et du sir ! À s'y perdre…

On s'en doute, la reine est également bien gardée. Cinq compagnies assurent la sécurité de la souveraine. Les gentilshommes d'armes, dragons au casque empanaché de blanc, escortent les chefs d'État étrangers et le corps diplomatique. Les *yeomen*, uniforme Tudor rouge et jaune, protègent la reine lors de l'ouverture du Parlement. Ils assistent en outre la famille royale aux grand-messes que sont les funérailles et les couronnements. Les *yeomen warders*, à la cotte noire marquée de rouge vif au chiffre de la reine « EIIR », gardent la Tour de Londres et le trésor. Les archers de la garde royale, en uniforme vert sombre et bonnet Balmoral, défendent Elizabeth II, reine d'Écosse, en son palais de Holyrood. Sur la Tamise, enfin, les *watermen* de la reine, sous les ordres du maître des barges, assurent sur les flots la sauvegarde de Sa Très Gracieuse Majesté.

J'en viens à mes jobs royaux préférés.

Le plus personnel : les dames d'honneur de la reine ou *ladies waiting*. Elles sont choisies par la reine en personne et l'accompagnent dans chacun de ses déplacements. Ce sont elles qui récoltent les cadeaux qu'Elizabeth ne sait jamais où ranger : bouquets de fleurs, poteries à son effigie ou couronnes tressées de nouilles… Elles sont également en charge de l'ouverture du courrier, et déjeunent avec la reine pour lui tenir compagnie.

Le plus atypique : son joueur personnel de cornemuse qui la réveille chaque matin en jouant sous ses fenêtres. Page d'honneur, et chef des douze cornemuseurs officiels, le major Derek Potter, cornemuseur de la reine, accompagne Sa Majesté dans toutes ses résidences.

Le plus poétique : le poète officiel de la reine. Le poste a été créé par Charles II en 1668. Pensionné (une allocation annuelle de 5 000 livres ainsi qu'un tonneau de vin, ce qui correspond à l'équivalent de 600 bouteilles de pinard !), il compose une œuvre à l'occasion des événements marquants : naissances, mariages et… jubilés. Un fou du roi, en version plus classe ? Jusqu'en 2019, c'est une poétesse qui officiait à la cour : Carol Ann Duffy, écossaise, mère célibataire catholique et bisexuelle affichée. Qui a osé affirmer que la reine n'était pas ouverte d'esprit ? Désormais, Simon Armitage est le sixième poète officiel d'Elizabeth II.

Je sais ce que vous vous demandez. Comment devient-on membre de l'équipe royale ?

Fin 2019, la reine était activement à la recherche d'un community manager. Une annonce avait été mise en ligne sur LinkedIn (moderne, non ?). La mission première : « Il ne faudra jamais rester statique et trouver de nouveaux moyens pour assurer la visibilité de la reine dans l'œil du public et sur la scène mondiale. » Il s'agissait d'un contrat de 37,5 heures par semaine, du lundi au vendredi, pour 45 000 et 50 000 livres annuelles selon l'expérience (entre 55 000 et 60 000 euros, soit environ 4 600 euros bruts par mois). L'offre incluait 33 jours de congé, un accès à des formations et un repas par jour. Le palais exigeait évidemment de fortes références, une expérience solide et surtout un travail délicat pour éviter tout dérapage en ligne. Attention, novices ou plaisantins s'abstenir : « Ayant géré les réseaux sociaux pour une organisation de haut niveau, vous savez maximiser leur potentiel et minimiser les risques. » Et une touche finale attrayante : « Dans un environnement trépidant, vous serez capable de porter des jugements éditoriaux, d'élaborer une stratégie et de gérer des projets de grande envergure, tout en supervisant notre production numérique quotidienne. » N'est-ce pas un super poste ? Quelle joie ce doit être de travailler pour une personnalité qui a plus de 16 millions d'abonnés sur Facebook, Twitter et Instagram !

La reine embauche également des personnalités de talent pour des missions insolites. Comme les horlogers présents à temps plein afin de superviser le bon fonctionnement des 350 horloges du palais. Un autre homme est chargé de veiller à la conservation des timbres dont la reine a hérité de son père. Il existe en outre un responsable du linge royal. Et une mention spéciale pour le « découpeur en chef », qui doit veiller à ne servir que de beaux et bons morceaux de viande à Sa Majesté.

Elizabeth soigne son personnel aux petits oignons. Chaque Noël est l'occasion d'offrir un cadeau à chacun d'entre eux. Une fois l'an, tout le personnel est en effet convoqué de façon très solennelle dans l'un des salons de Buckingham Palace. Les employés font alors sagement la queue pour recevoir un cadeau emballé par la reine, qui leur adresse quelques mots.

Généralement : « Merci beaucoup pour toute votre aide pendant l'année », suivi d'un « Joyeux Noël ». Sobre, mais efficace !

Message personnel à ceux qui reprochent injustement à la reine sa pingrerie : en 2019, elle aurait dépensé plus de 35 000 euros en cadeaux pour son personnel et sa famille ! Et quels sont ces présents ? Rien de chez Fauchon, ni même de chez Burberry's, ne rêvons pas. Les cadeaux proviennent le plus souvent de la boutique du palais. Une manière de rester en famille. Ainsi, le personnel royal a la joie de recevoir son mug ou son pudding à l'effigie de la reine, histoire de penser toujours à Sa Très Gracieuse Majesté, même en vacances.

En plus de cette générosité annuelle, Elizabeth II est la seule reine au monde qui a le pouvoir d'anoblir des membres de son personnel. Et elle ne s'en prive pas. D'ailleurs, comment se comporte-t-elle au quotidien avec ses « gens de cour » ? C'est une patronne non directive qui accorde une confiance totale à ses subordonnés. Calme et pondérée, elle accepte les décisions prises par ses conseillers. Tous les témoignages soulignent son sens de l'organisation dans le travail. Les documents qui lui sont soumis sont rapidement renvoyés, dûment annotés et paraphés. Douée d'une excellente mémoire, elle se contente de donner son accord, ou non, aux solutions proposées, sans entrer dans les détails. Mais il faut savoir interpréter quelques codes. Par exemple : un « Êtes-vous sûr ? » signifie un refus définitif. Un « En quoi cela peut-il aider ? » veut dire que vous auriez mieux fait de ne pas la ramener. Elizabeth, qui déteste les confrontations trop directes et les conflits apparents, est finalement une manageuse ultra moderne. Mark Zuckerberg ou Elon Musk n'ont qu'à bien se tenir !

Même Donald l'adore

Contrairement à ce que beaucoup aimeraient croire, la reine n'est pas seulement une charmante vieille dame en tailleur rose qu'on ressort de son placard doré à chaque cérémonie. Non, notre reine est un chef d'État. Comme Biden, Macron ou le pape François ? Sur le papier, en tout cas, ça y ressemble. La réalité est légèrement différente. Le Parlement a les pleins pouvoirs et décide de tout. Pour le dire autrement, Elizabeth règne mais ne gouverne pas.

Une des fonctions politiques principales de la reine est son rendez-vous hebdomadaire avec le Premier ministre. Une pure formalité qu'elle expédie à la va-vite ? Là encore, il ne faut pas s'y tromper. Elizabeth a été formée par le meilleur d'entre tous, le *king* des Premiers ministres, la légende, le prix Nobel de littérature 1953, son mentor : Winston Churchill.

L'homme qui, au début, disait d'elle : « Je ne la connais pas, ce n'est qu'une enfant », puis dans une lettre à son épouse Clémentine : « La jeune princesse a un air réfléchi et d'autorité tout à fait étonnant chez un enfant de cet âge. » L'homme qui, enfin, avait su trouver les mots les plus beaux pour saluer le commencement du règne d'Elizabeth : « À l'orée de ce nouveau règne, nous ne pouvons tous que prendre conscience de notre contact avec l'avenir. Une figure jeune et charmante – princesse, épouse et reine – est l'héritière de toutes nos traditions et de toutes nos gloires [...]. Elle est également l'héritière de toutes nos capacités d'unité et de fidélité. »

Depuis le temps, en femme politique avisée, Elizabeth ne s'en laisse pas conter. Elle ne se contente pas, lors de ses rendez-vous hebdomadaires, de siroter son thé entre deux bâillements. Sa force principale ? Elle connaît ses dossiers sur le bout des doigts. Politique intérieure ou politique internationale, elle est au courant de tout, rien ne lui échappe. Ainsi, les locataires du 10 Downing Street sont bien contents de bénéficier des sages et expérimentés conseils de Sa Majesté.

Alors qu'elle effectuait ses premiers pas dans l'arène politique, la reine était émerveillée par Winston Churchill. Comment aurait-il pu en être autrement ?

Lorsqu'on lui a demandé, bien plus tard, quel Premier ministre elle aimait le plus rencontrer, elle a répondu : « Winston, bien sûr, parce qu'il est toujours intelligent, charmant, amusant. » Alors que l'entrevue hebdomadaire entre la souveraine et le Premier ministre doit officiellement durer une demi-heure, il n'était pas rare que Churchill et la reine prolongent le plaisir de cette rencontre plus de deux heures. Des rires, souvent, fusaient à travers la porte. Certains majordomes se demandaient d'ailleurs si Winston n'était pas un peu amoureux d'Elizabeth. Il admirait la monarchie, elle était sa reine. Il aimait les belles femmes, elle en était assurément une.

Après Churchill, la reine a connu de nombreux autres Premiers ministres. Aucun, évidemment, ne pouvait arriver à la cheville de la personnalité d'exception, du monument qu'était Winston. Un mot sur Margaret Thatcher, la « Miss Maggie » chantée par Renaud? Alors que Margaret et Elizabeth étaient presque du même âge, Thatcher a tenu à garder leurs rencontres strictement professionnelles, se tenant volontairement à l'écart, afin de ne pas nouer un lien trop chaleureux. La « dame de fer », pour reprendre le joli sobriquet qui la définit si bien, a eu une relation plutôt tendue avec la monarque lors de leurs traditionnelles réunions hebdomadaires. Thatcher considérait que ses visites annuelles à la maison royale de Balmoral interrompaient son travail. Il n'empêche : par-delà cette froide réalité, Thatcher respectait incroyablement la reine. Sa Majesté, elle, avait une authentique admiration pour la pugnacité de Margaret, qu'elle fit chevalier de la Jarretière en 1995, le plus élevé des ordres de chevalerie britanniques, dont la devise est : « Honni soit qui mal y pense ». Tout un programme!

Quel est précisément et juridiquement le lien qui régit les rapports entre la reine et le Premier ministre? Voici la réponse de Thibaut Guilluy, universitaire spécialisé en droit constitutionnel britannique : « Il faut distinguer la question de la légalité et celle de la légitimité. Sur un plan strictement juridique, la reine n'est pas tenue de suivre les recommandations de l'exécutif. Après tout, il s'agit de son gouvernement! En revanche, Elizabeth II n'a pas de légitimité démocratique, contrairement à ce gouvernement. En pratique, elle veille donc depuis le début de son règne à ne pas intervenir dans les affaires politiques du pays. »

Donc la reine se tait, comme elle l'avait fait lorsque Tony Blair avait décidé que l'armée britannique devait intervenir en Irak, en 2003. Une réaction, Votre Majesté? Motus et bouche cousue! Le silence est à la fois sa politesse et sa nature royale… Mais aussi son art, bien à elle, d'exprimer sa désapprobation. Ainsi, lorsque Boris Johnson est venu lui demander la dissolution du Parlement en août 2019, elle n'a pas pipé mot. Mon petit doigt me dit qu'elle n'en pensait pas moins.

Faut-il en conclure, trop rapidement, que la reine ne sert à rien, qu'elle a uniquement le droit – pour reprendre la formule du journaliste britannique du XIXe siècle Walter Bagehot – d'être informée, d'encourager… et de mettre en garde ?

Là serait l'erreur. Une cruelle erreur.

Si la reine ne peut pas légalement s'opposer au Premier ministre, elle possède d'autres armes redoutables et d'autres moyens d'expression aussi efficaces que la parole. Elle sait en effet manier à merveille les symboles. Un exemple ?

Depuis son premier voyage de jeune fille en Afrique du Sud, Elizabeth condamne l'apartheid. En 1991, Nelson Mandela vient d'être libéré de prison. Il est l'invité du sommet du Commonwealth. Encore simple chef de l'ANC, le futur président sud-africain n'a pas le rang imposé pour assister au banquet de la reine. Au dernier moment, Elizabeth prend tout le monde de court. Elle décide de casser le protocole et invite Mandela à sa table. Un geste diplomatique hautement symbolique : quatre ans auparavant, la douce et sympathique Margaret Thatcher, alors Premier ministre, qualifiait encore Mandela de « terroriste ».

Rien n'existe par hasard dans le monde de la reine. Sa communication doit toujours être en accord avec son temps (et son humeur !). Elle y veille avec minutie. Ainsi, lors de ses vœux de Noël, le 25 décembre 2019, comment interpréter l'absence, sur une publication postée sur le compte Instagram royal, de photos de Harry et Meghan Markel ? La reine était seule sur le cliché, mais des portraits de famille avaient été disposés sur le bureau derrière lequel elle se tenait. On pouvait apercevoir le prince William et Kate Middleton, leurs trois enfants George, Charlotte et Louis. Un autre cadre présentait un portrait du prince Charles et son épouse, Camilla. Sans oublier une photo de Philip Mountbatten et un cliché en noir et blanc de George VI. Harry et Meghan ? Aux oubliettes ! Le 8 janvier 2020, le prince Harry et Meghan Markle annonçaient officiellement qu'ils allaient prendre leurs distances avec la famille royale.

Tenue à son devoir de réserve, la reine a de rares occasions d'exprimer publiquement ses opinions personnelles lors des discours qu'elle prononce. Toutefois, elle ne formule jamais frontalement ses intimes pensées. À ses sujets et à la presse de traduire. En 2014, avant le référendum sur l'indépendance de l'Écosse, elle avait confié : « J'espère que les gens réfléchiront avec beaucoup d'attention à l'avenir. » Une phrase perçue comme une incitation, adressée aux Écossais, à voter pour rester dans le Royaume-Uni. Lors d'un discours devant le Women's Institute de Norfolk, elle salue les valeurs de cette organisation œuvrant pour les femmes : « la patience, l'amitié, une forte approche communautaire et la prise en considération des besoins d'autrui ». La presse y voit un appel à la réconciliation du parlement anglais déchiré par le Brexit.

La reine ne serait-elle que qualités, intelligence, sens de la mesure, humour, délicatesse ? Il faut le croire : même Donald Trump a dit qu'il adorait Elizabeth II. Incroyable, non ? Melania a dû être folle de jalousie. Rien d'anormal, pourtant : partout dans le monde, la reine est une star. La Windsor globe-trotteuse !

Depuis le commencement de son règne, Elizabeth n'a jamais cessé de voyager. Si l'on ne prend en compte que l'année de son accession au trône, elle avait déjà parcouru 64 000 kilomètres. Au total, elle aurait effectué l'équivalent de 42 tours du monde. Jules Verne est totalement dépassé ! Avec une priorité accordée, évidemment, aux 54 pays du Commonwealth, cette association d'États qui composaient les colonies britanniques et dont elle est la cheffe. Elle est également monarque, en plus du Royaume-Uni, de 14 autres pays du Commonwealth : Canada, Australie, Nouvelle-Zélande, Jamaïque, Bahamas, Grenade, Papouasie-Nouvelle-Guinée, Îles Salomon, Tuvalu, Sainte-Lucie, Saint-Vincent-et-les-Grenadines, Antigua-et-Barbuda, Belize et Saint-Christophe-et-Niévès.

Au cours de ses nombreux déplacements, il est fréquent que la reine soit particulièrement gâtée, et revienne les bras bien chargés. Souvent, elle a en effet reçu des cadeaux délirants : une réplique de la porte de Bandebourg en pâte d'amande, un calumet de la paix, mais aussi un éléphanteau (nommé Jumbo) et deux paresseux du Brésil. Généralement, les animaux offerts à Sa Majesté sont donnés au zoo de Londres. Mais le plus touchant cadeau fait à Elizabeth II est incontestablement français. En 2014, son nom a été donné au marché aux fleurs situé sur l'île de la Cité à Paris. Un bel hommage pour cette amoureuse des fleurs et des jardins. Et surtout pour cette passionnée de votre « cher et vieux pays ».

Ses ancêtres sont français

Dès sa plus tendre enfance, Elizabeth a appris la langue de Molière avec sa mère et des gouvernantes, la française Georgina Guérin et une aristocrate belge, Antoinette de Bellaigue. Elle était une élève très brillante. Ainsi, des années plus tard, à l'issue de la représentation des *Misérables* clôturant le banquet d'État offert le 18 novembre 2004 au château de Windsor en l'honneur du président Jacques Chirac, avait-elle confié, dans un français impeccable et fluide : « J'ai passé une exquise soirée. »

Peut-on en déduire qu'Elizabeth II est une amoureuse transie de la France, de sa culture et de sa langue, comme moi ? Un premier indice : c'est le pays européen qu'elle a le plus visité. Elle y a en effet effectué cinq visites d'État en 1957, 1972, 1992, 2004 et en 2019 afin de célébrer l'anniversaire du Débarquement.

À Buckingham Palace, la France est partout. Le service de Sèvres turquoise utilisé lors des grandes occasions ? Un cadeau personnel du roi Louis XVI à la duchesse de Manchester. Les maisons françaises sont le premier fournisseur étranger de la Cour, avec notamment six producteurs de champagne et une maison de cognac. Les menus des banquets officiels sont quant à eux toujours rédigés en français. Dans les prêts à l'étranger d'œuvres d'art de la Royal Collection, les musées français – en particulier le Louvre, le château de Versailles et le Grand Palais – sont prioritaires. Il faut dire qu'Elizabeth, seule cheffe d'État au monde avec le pape à posséder sa propre collection nationale, décide en personne. Et son goût est très sûr.

Comment expliquer cette relation si intime de la reine avec l'Hexagone ? J'imagine qu'elle est peut-être due à son ascendance française. C'est à La Rochelle que fut baptisé, en 1608, son ancêtre, Alexandre Desmier, seigneur d'Olbreuse, d'Antigny, du Beugnon et de la Bruère. Un gentilhomme protestant, issu d'une ancienne famille poitevine attestée dès le XIVe siècle, qui eut quatre enfants, dont une fille nommée Eléonore. Éléonore Desmier d'Olbreuse est appelée la grand-mère de l'Europe. C'est elle qui est le lien avec le roi d'Angleterre, George Ier, trisaïeul de la reine Victoria.

Une autre explication, plus terre à terre : la doyenne des têtes couronnées européennes a connu tous les présidents de la IVe et de la Ve République. Ce qui peut être utile pour cimenter des affinités. Mais si Elizabeth est la reine, les présidents français, eux, ont souvent été les rois de la bourde. Au risque de provoquer une crise franco-britannique majeure.

En 1972, lors d'une visite de la reine à Paris, on frôle l'incident diplomatique. En effet, le président Georges Pompidou, voulant faire preuve de galanterie, prend son invitée par le bras pour l'aider à gravir les marches de l'Élysée. Quelle boulette ! Dès le lendemain matin, les journaux britanniques titrent : « Touche pas à ma reine ! » On ne plaisante pas avec le protocole…

En avril 2004, Jacques Chirac, bon vivant et démonstratif à son habitude, aimant le contact humain, se permet d'effleurer le dos de la reine. De nouveau la presse anglaise, outrée, se déchaîne. Paul Harris, correspondant royal du *Daily Mail*, écrit alors : « Cela aurait pu causer plus de dégâts aux relations franco-britanniques que Waterloo ou la guerre en Irak ! »

En 1957, à l'issue du grand dîner officiel donné dans la salle des Cariatides, au Louvre, René Coty s'était pris les pieds dans la traîne de la souveraine. L'émotion, sans doute. Outre-Manche, pourtant, pour une fois, les journaux ne lui en avaient pas tenu rigueur.

En matière de présidents français comme du reste, Sa Majesté a des préférences inattendues. Elle trouvait ainsi François Mitterrand « formidable » – c'est en tout cas ce qu'affirment des proches de l'ancien chef de l'État. Notamment Jacques Attali : « François Mitterrand et Elizabeth II entretenaient une relation très amicale. » Elle admirait son intelligence, tandis que lui voyait en elle « une vraie reine ». Et était impressionné par la descendante d'une telle lignée royale.

Quant au président Valéry Giscard d'Estaing, la reine le jugeait, bizarrement, un rien trop aristocrate... Il est vrai que le plus monarque des présidents français se faisait servir en premier à table et exigeait de dîner sans personne en face de lui. Une anecdote qui n'a pas manqué de faire sourire la reine. Giscard, finalement, lui était sympathique.

En 1974, tout juste élu, VGE a une belle attention. Il fait envoyer à Elizabeth un énorme bouquet de roses après la victoire de sa jument, Highclere, au Prix de Diane, à Chantilly. Deux ans plus tard, alors que le président arrive en visite officielle à Londres en plein été, la souveraine lui rend la pareille. Elle ouvre, uniquement pour Valéry Giscard d'Estaing, la piscine du palais de Buckingham. Quel privilège ! Il faut dire que la reine sera toujours reconnaissante à Valéry Giscard d'Estaing de lui avoir donné le plus précieux des conseils : surveiller ses petites cuillères lors de la visite officielle de Nicolae Ceausescu. Peu de temps auparavant, en effet, l'épouse du dictateur roumain avait fait main basse sur quelques pièces d'argenterie à la fin d'un dîner à l'Élysée.

Quelles que soient ses préférences personnelles, la reine est toujours une hôtesse généreuse et attentive. Le lendemain du banquet donné en leur honneur, au château de Windsor, Elizabeth II est ainsi venue frapper, en début de matinée, comme une espiègle petite souris, à la porte de la suite de Nicolas et Carla Sarkozy en chuchotant : « *It's the Queen !* » Leur apportait-elle un bon petit déjeuner, à la française, sur un plateau ? Mystère.

Mais le chouchou de la reine parmi les présidents français – et cela ne surprendra personne – demeure

Charles de Gaulle, invité à Londres en 1960. Au menu des festivités : apparition au balcon de Buckingham sous les applaudissements d'une foule en délire, feu d'artifice géant et croix de Lorraine glacée en dessert. Ce qui s'appelle mettre les petits plats argentés dans les grands ! Elizabeth II n'a jamais oublié, non plus, la haute estime dans laquelle son père, le roi George VI, avait tenu le chef de la France libre tout au long de la Seconde Guerre mondiale. Lors de ce voyage de 1960, la complicité de la reine et du Général est telle que Sa Majesté interroge intimement son invité : « Selon vous, quel devrait être mon rôle ? » De sa voix grave et solennelle, le Général lui répond : « Je n'aurais qu'un seul conseil à vous donner, madame. Celui d'être vous-même. »

Si les présidents français n'ont pas tous eu la classe de de Gaulle et ont rivalisé de gaffes, ils ne sont pas les seuls à avoir enfreint le protocole serré de la couronne anglaise. La palme revient sans conteste aux chefs d'État américains, ce qui n'est pas franchement étonnant.

En 1991, Elizabeth rend visite à George Bush père. Au moment du discours de la reine, le micro est encore réglé à la hauteur du président américain. Hélas, notre Queen est beaucoup plus petite. Pendant tout son speech, on ne verra que son chapeau. Désormais aux

États-Unis, la reine est affublée du surnom de « *The Talking Hat* » (chapeau parlant).

Quelques années plus tard, George Bush fils ne sera pas plus brillant. Alors qu'il reçoit la reine et souhaite remercier son illustre invitée pour sa présence, en 1976, aux cérémonies célébrant le bicentenaire de l'indépendance des États-Unis, sa langue fourche et il prononce : « 1776 ». Il vient de vieillir la souveraine de deux siècles. Quel goujat ! Se tournant vers la reine, le président américain a ramé pour rattraper sa bévue et faire oublier les moqueries des rieurs. « Elle m'a regardé comme seule une mère peut regarder un enfant. » Un enfant ou un affreux garnement ?

Dans le genre gaffeur, les Obama ne sont pas en reste. Lors d'un sommet du G20, en 2009, Michelle Obama fait preuve d'une familiarité choquante en prenant Elizabeth par l'épaule, en l'embrassant. Quant à son époux, deux ans plus tard, il commet un impair de premier ordre qui ne cesse, depuis, de faire le tour de la Toile : prononcer un discours devant Sa Majesté sur fond de *God Save the Queen*. Alors que Barack se tourne vers Elizabeth, prêt à lever son verre pour porter un toast, celle-ci reste de marbre. On ne parle pas pendant l'hymne national ! Un tantinet gêné, Obama repose son verre pour écouter la fin du chant. En silence… et seul au monde.

Le tableau serait incomplet sans le must, le best, l'indépassable gaffeur : Silvio Berlusconi. Au G20 de 2009, décidément riche en boulettes royales, le président du Conseil italien a été rabroué avec classe par la reine. Lors de la traditionnelle « photo de famille » réunissant les responsables politiques, *Il Cavaliere* interpelle haut et fort le président américain : « *Mister Obama ! It's Mister Berlusconi !* » La reine se retourne et lâche d'une voix douce, avec son accent britannique si distingué où perce à peine une pointe d'agacement : « Pourquoi est-il aussi bruyant ? » Royaume-Uni : one point. Italie : KO !

La Mamma des Windsor

À plus de 95 ans, par-delà les fatigues, les peines et les deuils, la reine Elizabeth II est assurément une femme comblée. Mère, grand-mère et arrière-grand-mère, elle chérit sa famille plus que tout, veille sur chacun en louve intransigeante. Mais ne vous y trompez pas : tout le monde a intérêt à marcher droit ! Des plus grands aux plus petits. Gare aux blagues, facéties et autres plaisanteries potaches ! Malgré son âge avancé, cette délicieuse mamie défend avant tout la Couronne.

Même avec le prince Philip, son regretté époux qui s'en est allé, presque centenaire, le 21 avril 2021, tétanisant de tristesse la reine et tout le royaume ? *Yes, sir !*

Ce mariage d'amour (fou) avait commencé par le plus fulgurant des coups de foudre. Elizabeth avait

13 ans, Philip 18. Les deux adolescents s'écrivaient de tendres lettres. Un joli flirt, suivi de fiançailles et, le 20 novembre 1947, d'une union qui, au fil des années, est devenue légendaire. La reine, pourtant, avait mis une condition à ce mariage. Si Dieu est un fumeur de havanes, comme le chantait Gainsbourg, Elizabeth goûte peu quant à elle le charme des volutes. Elle a donc intimé l'ordre à Philip d'arrêter de fumer, la veille de la cérémonie de mariage. Sinon ? Pas de baiser et adieu la nuit de noces !

Philip n'était pas au bout de ses surprises. Le rôle de consort implique d'incontestables sacrifices. Sa carrière de brillant officier de la Royal Navy ? À oublier. Prière de bien vouloir démissionner rapidement. De plus ou moins bonne grâce, il s'exécute. Quel sera alors son rôle ? Conseiller personnel d'Elizabeth II. L'homme de panache, de caractère qu'est Philip s'installe à la place qui lui est assignée : dans l'ombre. Premier et primordial soutien de la reine, qui sait lui rendre tout son réconfort, entre deux joyeuses taquineries entre époux. Un exemple des joutes humoristiques auxquelles pouvaient se livrer les deux tourtereaux ? Philip était parti pour un voyage au très long cours. Dans l'attente de son retour, la reine suivait le périple princier dans la presse. Qu'avait-elle découvert sur une série de photos ? Non pas de sublimes naïades paradant au bras de son époux, mais un Philip barbu et moustachu. *Oh, my God!* Quelle a été la royale réponse de The Queen ? Pour saluer le retour triomphal de son mari, elle a choisi de se grimer… avec une barbe postiche ! Philip alors a éclaté de rire : lui s'était rasé, pour ne pas risquer de déplaire à Elizabeth. Bien sûr, de temps à autre, hormis ses voyages d'aventurier, Philip tentera quelques échappées belles. Oublier l'ombre, pour se chauffer à la lumière. Il avait le droit notamment de participer à des courses d'attelage, noble occupation. Des occasions où la reine aimait être présente, pour encourager son champion préféré. Afin de ne pas manquer le départ d'une course, elle était même capable de sprinter jusqu'à la loge royale. Parfois, Philip allait encore plus loin. Il donnait son avis, soumettait des idées pour améliorer la bonne marche du royaume. Des recommandations à mettre en œuvre ? Malheureusement, la reine mère, Queen Mum, l'interdisait. Le pouvoir absolu appartient à sa fille. Et personne ne peut transiger avec cette règle.

Parlons un peu de la reine mère, Elizabeth Bowes-Lyon. J'adorais la personnalité populaire et chaleureuse de celle qui fut surnommée Queen Mum à la mort de son mari, George VI, en 1952. Elle écrivait alors cette phrase bouleversante : « Je parle, je ris, j'écoute, mais mon être véritable est mort lors du décès de mon mari.

Il ne reste qu'un fantôme. » Elle aimait George, les grands chapeaux, boire du gin, et sa fille qui, jusqu'à sa mort, à 101 ans, en 2002, l'appelait dès potron-minet (expression française que j'adore) afin de prendre de ses nouvelles. Et lui demander de faire attention à ses dépenses ? Elizabeth disait de sa mère, dont elle venait de régler une ardoise chez un tailleur : « Elle achète des nouveaux vêtements comme on achète des œufs. » Juste après le décès de Queen Mum, il a fallu honorer une autre dette : 7 millions de livres sterling dépensés afin d'assouvir la passion de la reine mère pour les courses hippiques. Mais ce qui symbolise le mieux, à mes yeux, cette belle relation mère-fille est le cadeau offert pour les 90 ans de Queen Mum, en 1990. Elizabeth et sa sœur Margaret, se souvenant des comptines de leur enfance, en ont choisi douze, qu'elles ont chantées et enregistrées. En offrande à leur mère adorée.

Être la boss des Windsor, cette famille formidable, est quasiment un job à temps plein. Reprenons le royal arbre généalogique. Charles, Anne, Andrew et Edward : la reine a eu 4 enfants de Philip, son duc de mari. Elle a, à l'heure où j'écris ces lignes, 8 petits-enfants et 14 arrière-petits-enfants.

J'ai du mal à imaginer la reine changer les couches de Charles, retrouver la tétine d'Anne, repasser le bermuda d'Andrew, surveiller le bain d'Edward. Un de ses conseillers, pudiquement, à demi-mot, le confessait : « Avec le parcours et la vie qui était la sienne, elle n'a pas pu être aussi maternelle qu'elle l'aurait voulu. »

Les Windsor ne diffèrent en rien des autres familles. Au sein de cette « Royal Academy » cohabitent les premiers de la classe et les têtes de turc, les chouchous et les vilains petits canards, les pudiques et les extravagants.

Je l'avoue, j'éprouve une profonde tendresse pour Charles, le prince de Galles. Lui qui a si souvent été moqué pour ses grandes oreilles (j'en faisais moi-même des imitations quand j'étais petite, pour le plus grand plaisir de ma famille). Lui auquel on a reproché tous les malheurs de Diana, jusqu'à sa mort cruelle. Lui, pourtant, qui est un modèle de bienveillance, de charité, d'élégance discrète. Lui qui se bat concrètement, comme peu le font, pour l'écologie et la sauvegarde de la planète. Lui, enfin, qui forme aujourd'hui un beau couple, apprécié des Britanniques (et même de la reine !), avec Camilla, son amour de toujours.

Sur Edward, le petit dernier, je suis désolée, je n'ai rien à dire. Si j'étais Blanche-Neige, je le surnommerais Timide.

À défaut de se comporter comme une fille unique, capricieuse et trop gâtée (vous voudrez bien me pardonner ce cliché tellement vrai), Anne est la seule avec laquelle la reine partage de nombreux points communs. Notamment la passion des chevaux et le goût de la mode. Anne, en effet, est un peu la Cristina Cordula de sa mère. Nouveau look pour une nouvelle vie ? N'exagérons rien. Néanmoins, sur les conseils de sa fille, qui aime se parer ainsi, Elizabeth s'est convertie aux jupes ajustées très légèrement au-dessus du genou. Ce qui a occasionné un gros travail pour sa couturière, obligée de raccourcir toute la royale garde-robe. Merci qui ? Merci Anne, pour ce style vestimentaire que le monde entier nous envie ! Véritable as du stylisme, Anne a d'autres cordes à son arc. Ne le répétez pas (si vous voulez vous faire inviter) : elle cuisine le soufflé au fromage comme personne. Il faut dire que c'était le plat préféré de son père Philip, qui aimait s'inviter chez elle pour le savourer. Si nous devions, donc, résumer la personnalité d'Anne : moitié Cristina Cordula moitié Cyril Lignac ! Avec un zeste de Matthieu Ricard, le célèbre philosophe bouddhiste, puisqu'elle a cette capacité, rare, d'apaiser la reine dans les crises, politiques ou familiales, que peut connaître le royaume.

Et maintenant, mesdames, mesdemoiselles et messieurs, laissez-moi vous présenter… Andrew, le fils préféré de la reine ! Bien que troisième dans l'ordre des naissances, n'occupant que la huitième place dans l'ordre de succession au trône britannique, Andrew est un phénomène. « Champion du monde », comme dirait Serge Benamou dans *La Vérité si je mens* !

Longtemps, Elizabeth II a été d'une incroyable mansuétude avec le petit (puis grand) Andrew. Supportant même la flamboyance délurée de Sarah Ferguson, épousée en grande pompe le 23 juillet 1986 (dont il divorce dix ans plus tard). Il est vrai qu'Andrew avait été héroïque, en 1992, lors du terrible incendie qui endommagea le château de Windsor. Bravant tous les dangers, il arracha aux flammes de nombreuses œuvres d'art, sauvant ainsi une part du patrimoine royal et provoquant l'admiration de sa mère.

Depuis, la situation du duc d'York s'est sérieusement dégradée. Il n'en finit pas de défrayer la chronique, people et judiciaire. Le gros caillou dans sa chaussure porte un nom : Jeffrey Epstein. Avec un bon copain comme Jeffrey, Andrew n'a pas besoin d'ennemis. Afin d'éviter un procès pour « agressions sexuelles » aux États-Unis (une sacrée tache sur un CV royal), il accepte de verser à la plaignante, Victoria

Roberts, 12 millions de livres sterling. Un gros chèque, non ? Qui risque de durablement rester en travers de la gorge de la reine, obligée de mettre la main au porte-monnaie. Elle avait pourtant dit, discrètement, à Andrew d'arrêter ses bêtises. Des années plus tôt, il s'était fait pincer à Buckingham Palace avec une actrice à laquelle il avait permis, ô suprême crime de lèse-majesté !, de poser son accorte popotin sur le trône de la reine. Andrew aurait dû se méfier. La donzelle, en effet, portait un prénom de tentatrice : Caprice.

Pour trouver un peu de repos et de détente, la reine peut-elle compter sur ses petits-fils, William et Harry ? Sur leurs épouses, Kate et Meghan ?

Du côté de William et Kate, tout est beauté, calme et élégance. Un mariage somptueux. Une vie tranquille. De beaux enfants. Aucun scandale à l'horizon. Avec eux, la reine peut dormir sereinement.

Du côté de Harry et Meghan ? Sauf à vivre sur la planète Mars, tout le monde le sait : « situation compliquée ». Elizabeth y a gagné ses derniers cheveux blancs. Pourtant, Harry était son chouchou. Elle aime, il est vrai, les fortes têtes, les rebelles. Avec, toutefois, un peu de modération. Ce qui n'a pas toujours été le fort de Harry, longtemps surnommé par la presse people « *Dirty Harry* ». Dès l'adolescence, il a su se faire remarquer. Parmi ses hauts faits d'armes : bagarre à la sortie d'une boîte de nuit, ivresse sur la voie publique (ah, cette passion du gin à la cuillère...), doigt d'honneur adressé à un photographe, strip-billard à Las Vegas, consommation de cannabis, conquêtes d'un soir. Sans oublier son chef-d'œuvre : le bal masqué en janvier 2005, deux semaines avant les cérémonies de commémoration du génocide juif au Royaume-Uni. Quel déguisement Harry choisit-il ? Chapeau et colt de cow-boy ? Plumes d'Indien ? Masque de Spiderman ? Harry préfère l'originalité : il se déguise en... nazi ! Le lendemain, en première page du *Sun*, une photo du prince et un titre : « *Harry the Nazi* ».

Certes, la reine apprécie le sens de l'humour de Harry. Certes, elle n'hésite pas à le défendre. Certes, elle penserait presque qu'il faut bien que jeunesse se passe. Mais en découvrant la une du *Sun*, Elizabeth a ressenti un petit coup de mou. Se doutait-elle alors de celui, plus gros, que provoquerait l'irruption dans la vie de Harry, en juillet 2016, de Meghan Markle, la belle Meghan, l'actrice vedette de *The Suits*, série hollywoodienne à succès ? La règle, avec la reine, est pourtant simple, comme le confie un de ses conseillers : « Il faut gagner sa confiance. S'il y a une chose qu'elle déteste, ce sont bien les mauvaises surprises. »

Il n'y a aujourd'hui plus de doutes sur le sujet : pour Elizabeth, Meghan est une mauvaise surprise.

Meghan a détourné son petit-fils chéri de la Couronne.

Meghan a remis Harry sur ses mauvais chemins : Ibiza et la Côte d'Azur, plutôt que Buckingham.

Meghan l'a brouillé avec son frère William, elle-même ne partageant aucune affinité avec Kate.

Meghan a converti Harry à ses religions modernes que sont Oprah Winfrey (le temps d'une interview au lance-flammes où elle accusait, entre autres, la famille royale de colporter des mensonges et d'être raciste) et Netflix.

Pire : Meghan l'a poussé à s'enfuir du Sussex, pour trouver refuge dans une cabane (luxueuse) au Canada. De très longues vacances, un congé royal, annoncés, sans prévenir la reine, par le biais d'un post sur Instagram.

Visiblement, Meghan, l'ex-comédienne d'Hollywood, la fille qui pense business plus vite que son ombre, n'a pas compris qu'on ne brusque pas une institution monarchique remontant à la nuit des temps. Visiblement, elle a oublié que la reine en a déjà maté des plus coriaces. Sa propre sœur, Margaret, Diana, Sarah Ferguson, son fils Andrew, Miss Maggie. Visiblement, Meghan ignore tout de Michel Audiard qui aurait pu faire dire à la reine : « Mais elle connaît pas Elizabeth, cette fille ! Elle va avoir un réveil pénible. J'ai voulu être diplomate, éviter que le sang coule. Mais maintenant c'est fini, je vais la travailler en férocité, la faire marcher à coups de latte ! À ma pogne, je veux la voir ! Et je vous promets qu'elle demandera pardon, et au garde-à-vous ! » Le credo de Sa Majesté, si on la cherche de trop près : le ralliement ou la disgrâce.

Harry et Meghan veulent filer à l'anglaise (ou plutôt à l'américaine) ? Ils souhaitent renoncer au statut de membre senior de la famille royale ? Ils désirent travailler pour devenir indépendants financièrement ?

La réponse de la reine est tombée, avec la froideur impassible d'un couperet. Harry et Meghan ont interdiction d'utiliser la marque « Sussex Royal » que le couple avait déjà déposée en vue d'une exploitation commerciale. Il fallait oser. Qui est la boss des Windsor ? Les ex-Sussex, à la mémoire trop oublieuse, viennent de l'apprendre. Elizabeth II n'a pas la main qui tremble, et sait être impitoyable.

La meilleure des wedding planneuses

Existe-t-il un film anglais plus culte que *Quatre mariages et un enterrement*? En France, vous avez eu la Nouvelle Vague avec Chabrol, Truffaut, Godard et Rohmer, mais aussi *Les Bronzés*; nous, au Royaume-Uni, nous sommes les kings de la comédie romantique! Et il n'en existe pas de meilleure que celle réalisée par Mike Newell, sortie sur les écrans en 1994. Un carton partout dans le monde, et même en France, où vous étiez presque six millions à rire et pleurer aux aventures de Charles (Hugh Grant, notre *English lover* préféré), Carrie (Andie McDowell), Fiona (Kristin Scott Thomas) et les autres.

J'avoue que j'éprouve un plaisir toujours neuf, chaque fois que je revois ce film. Les aventures et mésaventures, les histoires d'amour, les coups de foudre et les peines de cœur de cette géniale bande d'amis que nous rêvons tous d'avoir. Je ris toute seule à chaque réplique, même si je les connais toutes sur le bout des doigts.

« Pourquoi on appelle ça "lune de miel" ? Heu... le miel pour la douceur... et... la lune... parce que c'est la première fois que le mari voit les fesses de sa femme. »

« T'es toujours avec ta copine ?
– Ah non, c'est plus ma copine...
– De toute façon, elle se faisait culbuter par tout le monde !
–...mais c'est ma femme. »

Et ma réplique favorite :

« J'ai eu 33 amants. Moins que Madonna, plus que Lady Di. Enfin, j'espère. »

Cette dernière a-t-elle déclenché l'hilarité du prince Charles ? J'ai quelques doutes, même si Charles est un redoutable pince-sans-rire. Et celle de la reine ? J'aime imaginer le sourire de The Queen. Un sourire discret, bien sûr. Ni vu ni connu. Sa Majesté, je l'ai déja dit, possède un humour redoutable. Et je trouve que ce film lui va comme un gant. J'ai toujours été frappée par le côté wedding planneuse d'Elizabeth. *Quatre mariages et un enterrement* pourrait presque être l'histoire de sa vie, d'un mariage l'autre, en commençant bien sûr par le sien. Vous ne me croyez pas ? Vous voulez des preuves ? Attention les yeux. Mariages king size à suivre.

Le 20 novembre 1947, Elizabeth a 21 ans, elle n'est pas encore reine, et pense ne jamais l'être. Cela ne l'empêche pas de faire un magnifique mariage d'amour avec Philip Mountbatten, né prince de Grèce et du Danemark, qui est désormais par la grâce de cette union duc d'Édimbourg. Il s'en est fallu de peu, la veille du mariage, que Philip contrarie sa promise. En cause ? Un enterrement de vie de garçon très rock and roll, avec ses amis, à l'hôtel Dorchester. Elizabeth et Philip se sont-ils mariés dans l'intimité ? En petit comité ? Que nenni ! Deux mille cinq cents invités se serrent les coudes dans l'abbaye de Westminster et saluent l'arrivée du carrosse d'Elizabeth. Plus d'un million de personnes affluent dans les rues pour célébrer Elizabeth et Philip. Et pour la première fois, la BBC filme et retransmet l'événement. Et ce n'était que le début de la « folie des grandeurs » de nos mariages princiers et royaux !

Le 29 juillet 1981, c'est tout simplement le « mariage du siècle » qu'Elizabeth organise (pas toute seule, évidemment) à la cathédrale Saint-Paul à Londres. Charles, son fils aîné et premier héritier du trône, épouse Diana Spencer, Lady Di, qui devient ainsi princesse de Galles. Les chiffres témoignent de la grandeur de l'événement : 750 millions de télé-spectateurs à travers le monde, 2 millions de personnes le long de la route empruntée par le cortège nuptial – Diana étant accompagnée de son père dans le carrosse de verre qui avait servi, en 1910, pour le couronnement de George V. La traîne de sa robe de mariée mesurait 8 mètres de long. La princesse de Galles a foulé le tapis rouge, avant d'entrer dans l'église, pendant presque 4 minutes et 35 000 invités ont été conviés à la noce (parmi lesquels... Camilla Parker Bowles, et son mari!) ! Personne ne se doutait alors que, derrière les sourires timides de Diana, ses pensées étaient pleines de larmes, qu'elle ne pouvait laisser couler en public : « J'avais l'impression d'être l'agneau que l'on mène au sacrifice. Je le savais, mais je ne pouvais rien faire. »

Le 29 avril 2011, presque trente ans après le mariage de Charles et Diana, et plus de dix ans après la mort tragique de Lady Di, Elizabeth II se réjouit de pouvoir célébrer un nouveau mariage : l'union de son petit-fils, le prince William, deuxième dans l'ordre de succession, et de Catherine (alias Kate) Middleton, rencontrée à l'université. Comment Kate a-t-elle séduit William ? En défilant sur un podium, en bikini noir sous une robe à la transparence légère, pendant une soirée caritative ! William en aurait presque perdu sa langue, saluant cette apparition d'un simple « waouh ! ». Si la presse a souvent comparé le mariage de William et Kate à celui de Charles et Diana, tout était encore plus faramineux en 2011. Vous voulez d'autres chiffres ? Plus d'un milliard de téléspectateurs étaient scotchés, et admiratifs, devant leur petit écran (rien qu'en France, ils étaient déjà 9 millions !) ; 101 gardes de la reine et 5 000 policiers surveillaient le cortège royal ; le mariage aurait coûté 20 millions de livres (réglés rubis sur ongle par Elizabeth, *of course* !) ; 550 journalistes de la BBC couvraient l'événement et CNN avait envoyé une équipe de 125 membres. Au total : 5 000 journalistes étaient à Londres. Dont moi ! Heureuse et fière comme jamais ! Le gâteau du mariage a nécessité 40 boîtes pour être transporté, 1 900 convives avaient reçu un carton d'invitation, parmi lesquels 650 étaient conviés au buffet royal et seulement 300 avaient le droit d'assister au dîner dansant offert par le prince Charles. Petite cerise, enfin, sur le gâteau (de mariage) : plus d'un million de touristes se sont rendus en Angleterre, juste pour participer aux festivités.

Le 19 mai 2018, rebelote! Pour le mariage de son petit-fils préféré, Harry, avec Meghan Markle (qui était encore dans les petits papiers du royaume!), il était hors de question, bien sûr, que la reine la joue petit bras. Toujours plus haut, toujours plus beau : telle pourrait être une de ses devises royales. Afin que ses sujets soient fiers de la Couronne. Inutile de le cacher : Harry et Meghan ont fait exploser le baromètre de l'engouement populaire pour les mariages princiers! Nombre de téléspectateurs devant leur petit écran? 2 milliards – dont 29,6 millions uniquement aux États-Unis, patrie de Meghan –; 2640 citoyens britanniques ont été invités à assister à la cérémonie depuis le parvis de la chapelle Saint-George; 600 convives étaient invités au déjeuner organisé par la reine au château de Windsor, et 200 privilégiés avaient un passe pour la soirée privée donnée par le prince Charles. Je ne sais pas si Meghan maîtrise bien les lettres mais, le jour de son mariage, elle était très forte en chiffres! Il a fallu 5 mètres de tulle pour confectionner le voile de sa robe de mariée, qui a nécessité 500 heures de travail. Le coût de cette robe, créée par Clare Waight Keller, directrice artistique de Givenchy: 200 000 livres! Une robe qui a été likée plus de 12 millions de fois sur le compte

Instagram de Givenchy! Le maquillage de Meghan, qui a nécessité l'utilisation de 9 produits de beauté, ainsi que sa coiffure avaient également leur petit coût : 13 000 dollars! Dois-je vous parler du *wedding cake* citron-fleur de sureau, création de la pâtissière Claire Ptak? Évidemment! Si vous souhaitez refaire cette création, pour vos amis, pour les goûters d'anniversaire de vos enfants, ou pour votre propre mariage princier, vous aurez besoin de : 200 citrons d'Amalfi, 500 œufs bio venant de Suffolk, 20 kg de beurre, 20 kg de farine, 20 kg de sucre, 10 bouteilles de Sandringham Elderflower Cordial – un sirop à la fleur de sureau. Sans oublier 150 fleurs fraîches pour orner le gâteau! Je vous mets toutefois en garde : un semblable festin ne protège en rien contre la fuite, quelques années plus tard, de la mariée. Il existe toujours des cabanes au Canada qu'on ne saurait, malheureusement, voir venir. Même quand on est reine, et qu'on a tout donné pour le bonheur de ses enfants et petits-enfants. Ne reste alors qu'une tristesse figée dans le temps. Je me souviens des mots de Bertrand de Saint-Vincent, comme une révérence respectueuse adressée à la reine :

« Seule au monde, une vieille dame pénètre dans l'église et s'assoit dans la stalle qui lui est réservée. Au-dessus de son masque noir, son regard perdu fixe le vide qu'a laissé en elle le départ de son époux. À la fin de la cérémonie, les caméras suivent un bref échange entre William et Harry. Tout cela ne formerait qu'un tableau magnifique, mais éphémère, si ces images n'étaient reliées entre elles par le lien sacré de la monarchie. C'est ce régime, à l'aura mystérieuse, qui confère à ces gestes leur grandeur et à une nonagénaire sans vrai pouvoir, celui, irritant pour certains, de sublimer le monde. »

Son univers impitoyable (mais pas que)

Cette « affaire Sussex », ce Megxit (chez nous, tous les soucis se conjuguent en xit !), ces embrouilles à Buckingham, quelle histoire ! Mais la reine l'a dit elle-même : « Comme toutes les meilleures familles, nous avons notre part d'excentricité, de jeunes impétueux et rebelles et de désaccords familiaux. » C'est même le sel de notre monarchie, non ? Un régime riche en sueur, larmes, labeur et sang (clin d'œil à notre cher Winston). La famille royale, c'est *Game of Thrones* sans les loups et les dragons ! Pas étonnant que la série *The Crown* cartonne sur Netflix et passionne toute la planète depuis sa première diffusion, le 4 novembre 2016.

Partout dans le monde, chacun donne son avis sur la fugue de Meghan et Harry, la presse multiplie les couvertures tapageuses, les repas de famille se terminent en foire d'empoigne.

La reine n'a-t-elle pas été trop dure, intransigeante, envers Harry ? Aurait-elle dû être plus conciliante avec son petit-fils préféré ? Pourquoi a-t-elle une dent, acérée, contre la charmante Meghan ? Meghan, de son côté, est-elle une manipulatrice ? une fausse gentille princesse de conte de fées ? une vraie méchante de cinéma qui cache derrière son sourire made in Hollywood les pires pensées, et crache son venin chez Oprah Winfrey ? Est-il vrai que, chez les Sussex, Meghan ordonne et Harry obéit ? Est-il vrai, également, que Meghan a maraboutė Harry ?

Sur ce dernier point, j'ai des doutes. Il ne faut pas pousser Mémé (ni la reine) dans les orties ! Si j'appréciais Meghan dans *The Suits*, série où elle interprétait une avocate ambitieuse et sexy, j'ai tout de suite eu plus de réserves quand son idylle avec Harry a commencé. Allait-elle rendre la famille royale plus rock and roll ? Peut-être, mais on ne révolutionne pas une monarchie. Manquerait plus que Meghan veuille couper des têtes !

Personnellement, dans la « battle » des princesses, j'ai toujours préféré Kate (et même sa sœur Pippa, dont les fesses avaient fait sensation le jour du mariage royal !). Le sourire de Kate. Ses éclats de rire. Sa discrétion. Sa touche de glamour quand elle est photographiée par Paolo Roversi à l'occasion de son 40e anniversaire. La perfection de Kate, parée de rouge, jouant du piano et enchantant le public le temps d'un concert de Noël. Sa complicité si respectueuse avec Elizabeth II, dont elle n'hésite pas à louer les hautes et belles qualités d'âme : « Elle m'a aidée en douceur et s'est révélée être un précieux soutien. Elle veille au bien-être de chacun et cela prouve son amour pour sa famille. »

Meghan, elle, je ne l'ai pas sentie dès qu'elle a fait irruption dans le paysage royal. Pourquoi ? Difficile à dire. Une intuition ? Peut-être. Dans une interview, Elizabeth Gouslan, qui a écrit une biographie de la « Sussex girl », ne l'a pas manquée, enchaînant les punchlines dévastatrices, l'opposant à la reine, « fascinante par sa droiture, son courage, son abnégation, un monument historique vivant ». Petit florilège des gentillesses rhabillant Meghan pour quelques hivers :

« Venue de nulle part, Meghan est déjà riche et très avisée lorsqu'elle décide d'une OPA sur la plus prestigieuse des familles royales. »

« Comment épouser un millionnaire, c'est bien, mais comment épouser un prince royal, c'est encore mieux ! »

« C'est une arriviste sans scrupule. »

« On a cru qu'elle était naïve, mais il suffisait de regarder son pedigree pour comprendre qu'elle visait l'argent et la notoriété absolue que confère l'entrée dans la famille royale. »

« Elle a beau savoir que devenir princesse sera difficile, elle pense, en bonne Américaine, que la séduction suffira à lui assurer une marge de manœuvre. »

« Elle pète les plombs. Comme Diana, elle joue la victimisation, parce qu'elle sait que cela fonctionne sur Harry, traumatisé par le sort de sa mère, et parce que c'est toujours une carte gagnante en termes de communication. »

Inutile d'en rajouter, la coupe est (presque) pleine ! Ainsi Meghan, la larme à l'œil, Harry à ses côtés, a déclaré : « Je ne voulais tout simplement plus être en vie. Et c'étaient des pensées constantes, terrifiantes, réelles et très claires. » La reine n'aurait pas assez « soutenu » Meghan, son couple, ses enfants. Notamment le petit Archie, pas encore né, qui aurait été la cible de remarques racistes de la part de membres de la garde royale rapprochée de Sa Majesté.

Quelle a été la réponse de la reine face à ce torrent de boue à visée hautement médiatique ? Tout d'abord, fidèle à la tradition royale : « *never complain, never explain* ». Puis, dans un communiqué à la douceur apparente, elle choisit ses mots :

« Toute la famille est attristée d'apprendre à quel point ces dernières années ont été difficiles pour Harry et Meghan. Les questions soulevées, en particulier celle de la race, sont préoccupantes. Bien que certains souvenirs diffèrent, ils sont pris très au sérieux et seront traités par la famille en privé. Harry, Meghan et Archie seront toujours des membres de la famille très aimés. »

Puisque certains souvenirs diffèrent, j'ai voulu mener ma petite enquête, sonder mes compatriotes, les interroger sur la reine, sur Meghan. Une première réponse est tombée, tranchante : « Elizabeth n'aurait jamais dû accepter ce mariage entre Harry et Meghan ! » Mon père est en colère. Pour lui, Meghan est venue, elle a pris tout ce qu'elle voulait prendre, toute la lumière qu'offre la Couronne, puis elle est partie, enlevant Harry aux Britanniques, l'exfiltrant vers cette colline aux illusions perdues qu'est Hollywood. Un enlèvement ? Mon père parfois peut être excessif. Et si la presse anglaise, scrutant les moindres faits et gestes de Meghan et Harry, les avait forcés à fuir ? Réponse catégorique du paternel : « Harry n'a rien connu d'autre, dans sa vie, que le harcèlement de la presse à sensation. Il sait gérer ces situations. La vilaine, c'est Meghan ! »

Il n'est pas le seul à avoir Meghan dans son viseur. De toutes parts, ça tire à vue. Elle a embarrassé la reine en organisant, comme un complot, la rupture royale et la fuite. Elle espérait capitaliser sur la marque Sussex Royal, en business woman sans foi ni loi. Elle a déclassé son mari, a blessé Elizabeth. Elle n'est qu'une actrice vieillissante, qui a cru qu'un mariage royal sauverait sa carrière sur le déclin. Elle a causé beaucoup de dégâts en abîmant l'image de la monarchie. Elle a manqué de respect à la reine qui, pourtant, l'a accueillie. C'est une ingrate tout juste bonne, alors qu'elle divorce de son premier mari, à lui retourner ses bagues par courrier. Pire : c'est une aventurière, une courtisane (nouvelle génération) qui manipule et trompe les gens. Elle se présente comme une féministe alors qu'elle n'a cessé de profiter des hommes de sa vie pour réussir. Face aux critiques, elle joue la carte du racisme. Cet argument a énervé alors qu'il y avait eu un vrai bonheur populaire à l'idée qu'une femme issue d'une minorité ethnique fasse partie de la famille royale. Il n'était pas rare d'entendre : « Enfin, nous serons entendus et représentés aux plus hauts échelons de la société ! » L'hypocrisie et le mépris trop souvent affichés par Meghan, dans ses apparitions et ses prises de parole, ont cassé ce bel accueil.

Quel est le bilan (provisoire) de mon petit micro-trottoir ? L'éloignement de Meghan n'est pas une grande perte pour la famille royale, contrairement à celui de Harry. Elle a tenté un sacré coup de poker menteur, elle a joué, et elle a perdu. Personne ne lui en veut réellement d'avoir essayé, et tout le monde souhaite aux ex-Sussex le meilleur pour leur nouvelle vie.

Alors, comme le disait ce bon vieux Shakespeare, « beaucoup de bruit pour rien », toute cette affaire ? Je n'en crois rien. Il ne m'est pas difficile de deviner la tristesse de la reine. Plus encore depuis que Philip, son tendre et aimé, n'est plus. Je revois l'image déchirante de sa solitude et ses yeux embués lors des obsèques, le 17 avril 2021, au château de Windsor, du duc d'Édimbourg. Quand reverra-t-elle Harry ? Quand reverra-t-elle ses arrière-petits-enfants, Archie et Lilibet ? Dans son regard, qui parfois semble se perdre au loin (jusqu'au Canada ?), dans son cœur de plus en plus fatigué, je perçois cette poignante vérité : Harry, Archie et Lilibet lui manquent. Et c'est aussi toute la force et la dignité d'Elizabeth, même quand elle vacille, de tenir debout dans les tempêtes les plus intimes. Et j'en suis certaine, la reine a pardonné à Harry sa trahison, lui glissant, paraît-il, lors d'une de leurs dernières brèves rencontres : « Tu es très aimé et tu seras toujours le bienvenu si tu veux revenir. »

Plus intrépide que James Bond et aussi drôle que ma mère

Un peu de légèreté après ces pages qui nous ont plongés dans les tourments récents de la reine ne peut pas faire de mal. Alors, soyons casse-cou et rions de bon cœur avec Sa Majesté !

En France, côté super-héros, vous avez Thierry la Fronde, Julie Lescaut et Hubert Bonisseur de la Bath (le plus drôle, alias OSS 117). Nous, les Britishs, nous avons James Bond. Ça en jette davantage, non ? Un agent secret, matricule 007, héros de papier créé par Ian Fleming en 1953, immortalisé sur grand écran par Sean Connery, Roger Moore, Timothy Dalton, Pierce Brosnan, Daniel Craig (sans oublier l'éphémère George Lazenby). Excusez du peu. Un agent, il est important de le préciser, « au service de Sa Majesté ».

Justement, pour la cérémonie d'ouverture des jeux Olympiques de 2012, à Londres, la reine apparaît aux côtés de Daniel Craig dans *Happy and Glorious*, un film de 6 minutes réalisé par Danny Boyle. Un moment d'anthologie. On y voit Daniel Craig, en smoking et nœud papillon impeccables, arpenter les couloirs de Buckingham Palace, escorté par les corgis de la reine. Introduit dans les appartements privés d'Elizabeth, il attend sagement qu'elle se retourne. Elle le salue, parée d'une sobre et élégante robe saumon pâle : « *Good evening, Mister Bond!* » Dans les jardins du palais, les attend un hélicoptère à bord duquel ils embarquent tous les deux, sous le regard vaguement inquiet des corgis royaux, toujours aux premières loges. Alors que l'hélicoptère survole le stade de Londres, la reine – intrépide comme jamais – saute en parachute, immédiatement suivie par James Bond. Quelques minutes plus tard, retentit dans le stade la voix du speaker – en français, s'il vous plaît (JO obligent) – : « Mesdames et messieurs, veuillez vous lever pour Sa Majesté la reine et son Altesse Royale, le duc d'Édimbourg. » La reine a donc réussi son saut ! Sa robe saumon est intacte. Elle ne paraît même pas essoufflée par son exploit aérien. Son fils Charles salue d'un large sourire la performance. Dans le stade et devant leur écran, 900 millions de (télé)spectateurs n'en croient pas leurs yeux. La reine a sauté en parachute !

Bien évidemment, magie du cinéma !, ce n'est pas la reine qui s'est élancée dans les airs. La doublure s'appelait Gary Connery (comme le plus célèbre des agents 007). Ce spécialiste des cascades avait déjà joué dans plusieurs *James Bond* et *Indiana Jones*. Un jour, pour honorer un pari, il avait sauté d'un hélicoptère sans parachute – mais avec une combinaison ailée – avant d'atterrir sur une pile de 18 000 cartons. Sain et sauf. Le seul regret de Gary Connery concernant sa royale prestation, vécue comme un honneur ? N'avoir pas pu conserver la robe saumon du tournage. Selon lui, « elle aurait fait son petit effet dans les soirées en ville ». Depuis 2012, la vidéo de la reine sautant en parachute au-dessus du stade cumule, sur YouTube, presque 55 millions de vues.

S'il s'agissait, à ma connaissance, de la première et unique figuration cinématographique de la reine – et de sa première cascade ! –, elle n'a jamais manqué ni d'intrépidité, ni d'humour dans les situations les plus rocambolesques. Il ne faut surtout pas s'arrêter à sa silhouette qui paraît frêle, depuis l'avènement de son règne (et son portrait en noir et blanc réalisé par Cecil Beaton), le 2 juin 1953, sous l'imposante couronne.

Il n'en est rien. Et rien ne l'arrête. Ni la peur, ni la douleur.

Saviez-vous que la reine est la seule Britannique autorisée à conduire sans permis ? Puisque c'est en son nom que les permis de conduire sont délivrés, elle a préféré s'abstenir de se le remettre à elle-même ! Elle a appris l'art du pilotage durant la Seconde Guerre mondiale, alors qu'elle appartenait au Service territorial auxiliaire (ATS). Depuis, elle ne s'est jamais privée d'appuyer sur le champignon. Elle a même conduit des poids lourds ! Mais elle savait rester prudente au volant et les occasions où elle a pu effrayer ses proches furent rares.

À cheval, c'est une autre histoire ! En 1994, bien que cavalière chevronnée, elle a dû être hospitalisée après une chute. Sa monture avait trébuché, et la reine effectué un beau soleil. Bilan : le poignet gauche fracturé. Même pas mal ! La reine s'était remise très vite, et sans se plaindre.

Des années auparavant, en 1981, on avait frôlé le drame. Alors qu'elle monte en amazone, parée d'un costume rouge du plus bel effet, son cheval Burmese, à l'occasion de la parade militaire *Trooping the Colour*, Elizabeth II entend six coups de feu. Que se passe-t-il ? Les *bodyguards* royaux sont en panique. Ils se précipitent afin de la protéger, faire don de leurs corps au royaume. La reine, elle, ne s'affole pas. Elle maîtrise son cheval, conserve son sang-froid. Un homme, pourtant, vient de tenter de l'assassiner. Toujours la même (sinistre) année 1981, lors d'une visite officielle en Nouvelle-Zélande, et alors qu'elle circule en Rolls-Royce décapotable, un fou la vise avec une arme à feu. Par chance, il manque son tir.

En 1982, la reine se serait bien contentée de faire face à son opération des dents de sagesse, qui nécessita une courte hospitalisation. Quelques antalgiques, et la douleur disparaît. Mais survient un incident plus grave et inquiétant. Connaissez-vous Michael Fagan ? Un peintre décorateur au chômage alors âgé de 31 ans, fervent admirateur de la reine mais qui, depuis, a été accusé de vol, d'agression contre un agent de police, d'attentat à la pudeur et de trafic de drogue. Le 7 juin 1982, Fagan s'introduit une première fois à Buckingham en passant par la chambre d'une employée. Il raconte ainsi son expédition : « J'ai vu des chambres où il était écrit "chambre de Diana", "chambre de Charles" ; il y avait des noms sur chacune d'entre elles. Je suis entré dans celle de Charles, j'ai pris une bouteille de vin sur l'étagère et j'ai commencé à boire. C'était du vin californien bas de gamme. Je me suis ensuite assis sur les différents trônes royaux, comme dans *Boucle d'or et les Trois Ours*, puis je me suis tranquillement éclipsé. » Un mois plus tard, le 9 juillet, il récidive après avoir bu beaucoup trop de whisky, et prévenu sa mère qu'il rendait visite à sa petite amie, plus âgée que lui, prénommée… Elizabeth. Par une porte-fenêtre entrouverte, il parvient jusqu'à la chambre royale. Je laisse la parole aux journalistes de *The Times* : « Michael Fagan est entré dans la chambre de Sa Majesté à 7 h 15. Il tenait dans ses mains un morceau du cendrier cassé avec lequel il a affirmé vouloir se trancher les veines en présence de Sa Majesté. L'homme a expliqué que ce n'était pas son intention en arrivant, mais que l'idée lui était venue en voyant le cendrier. » J'en tremble presque en imaginant la tête de la reine réveillée par cette intrusion ! Sa réponse en découvrant la présence de Fagan est une merveille : « Que faites-vous là ? » Puis elle a décroché le téléphone posé sur sa table de chevet, pour joindre la sécurité. Personne n'a répondu… C'était l'heure de la promenade matinale des corgis ! Quelques interminables minutes plus tard, Elizabeth s'est levée, est passée pieds nus à côté de Fagan en lui disant : « Une minute, je vais chercher quelqu'un. » Dans de nombreuses interviews, Fagan a donné des précisions sur ces minutes qui appartiennent à l'Histoire : « Elle était dans un lit double, mais dans une chambre simple. Elle dormait toute seule. Sa robe de chambre avait un imprimé liberty et lui arrivait jusqu'aux genoux. » Davantage que les fanfaronnades de Fagan, je suis définitivement impressionnée par le sang-froid, à toute épreuve, de la reine. Son sang-froid, et son humour. Quand elle a commenté cet épisode, qui aurait pu être tragique, ses mots avaient la drôlerie d'un sketch des Monty Python : « J'ai tout de suite compris que ce n'était pas un domestique parce que, eux, ils ne claquent pas les portes. »

Des années plus tard, en 2016 et récemment à Noël 2021, deux nouvelles intrusions ont eu lieu dans les résidences royales. Heureusement sans conséquences. Les impétrants ne sont pas parvenus jusqu'à la reine, ne dépassant pas le parc de Windsor. Il valait mieux : le dernier de ces hommes était armé d'une arbalète et souffrait de troubles psychiatriques.

Intrépide et courageuse comme James Bond, face à tous les dangers, il n'empêche : la reine a l'âge de ses artères. Inutile, donc, de préciser que, alors que le coronavirus faisait ses premiers ravages au sein de la population, Sa Majesté, bien que sacrée, était dans le haut du panier des « personnes à risques ». The Queen, pourtant, ne s'est pas affolée. Se mettre à l'abri dans son château de Windsor ? Il n'y avait pas le feu au lac, ni à la Tamise. La reine l'avait décidé en son for intérieur : elle ne bougerait pas avant le 17 mars ! Quelques jours plus tôt, elle décorait encore des sujets du royaume.

Unique concession faite à la crise sanitaire : pour la première fois depuis soixante-six ans, elle avait remis des gants !

Jouant avec une grâce identique du flegme et de l'humour, dignes et nécessaires contrepoints à son courage, Elizabeth est, là encore, notre modèle à tous. Même si, sur le front de l'humour, ma mère pourrait facilement lui disputer la couronne. Ma mère est la femme la plus drôle que je connaisse. Personne ne peut la battre dans ce domaine. Hormis sa royale rivale, la reine ! Vous ne me croyez pas ? Voici quelques fusées, tel un feu d'artifice plaisant, dans le ciel de l'humour. Des fusées signées The Queen !

Lors d'une visite en Écosse, un passant l'aborde (avec sans-gêne) : « C'est fou, vous ressemblez à la reine ! » Du tac au tac, Sa Majesté répond : « Comme c'est rassurant ! »

Lors d'une autre visite d'État, un membre de l'escorte royale empêche (sans s'en rendre compte, le pauvre !) une partie de la foule de voir le carrosse de la reine. Très gentiment, elle lui souffle : « En fait, capitaine, je pense que c'est moi qu'ils sont venus voir. »

Jekka McVicar, jardinière et auteure de livres sur le sujet, a raconté une de ses conversations avec la monarque. Alors qu'elle expliquait à la reine qu'autrefois, le muguet était une fleur redoutée et utilisée comme poison, Elizabeth a dit : « On m'a offert deux bouquets cette semaine. Peut-être qu'ils veulent ma mort ! »

Lorsqu'on lui a demandé, durant un voyage officiel au Canada, ce qu'elle pensait des chutes du Niagara, sa repartie a été imparable : « Ça a l'air très humide ! »

Après qu'un parpaing était bizarrement tombé d'un échafaudage sur la Rolls-Royce de la reine lors d'une visite à Belfast (était-ce un coup de l'IRA, l'Armée républicaine irlandaise ? Mystère), Elizabeth a haussé les épaules, puis déclaré dans un sourire : « C'est une voiture solide. » Il est vrai que la Rolls avait précédemment essuyé un jet de bouteille de bière irlandaise, qui avait à peine abîmé sa carrosserie !

Quand des touristes américains, en goguette à Londres, ont demandé à Elizabeth : « Est-ce que tu habites par ici ? », la reine ne s'est pas démontée : « J'ai une petite maison à proximité… »

Lorsqu'elle prend la pose devant l'objectif, avant chacun de ses nombreux portraits, la reine fait rire les photographes avec une phrase rituelle : « Maintenant, avec les dents ou sans ? »

Tandis que le téléphone portable d'une conseillère sonne pendant une réunion à laquelle assiste Sa Majesté, celle-ci prend la parole : « Vous feriez mieux de répondre à cet appel. Cela pourrait être quelqu'un d'important… »

Ce petit livre ne se voulant pas un recueil des meilleures blagues et plaisanteries de The Queen, je m'arrête à ces quelques saillies, emblématiques de l'esprit si souvent taquin d'Elizabeth qui, par ailleurs, possède un véritable don pour imiter les accents. Après 70 ans de règne et tant de voyages partout dans le monde, cela peut paraître facile. J'aime imaginer la reine raconter une histoire belge, ou s'emparer des intonations françaises pour amuser la galerie.

Avec la reine comme porte-étendard, et des ambassadeurs aussi divers que Benny Hill, Mister Bean ou Boris Johnson (cherchez l'intrus et rayez la mention inutile), il est une vérité incontestable : l'humour anglais (et même britannique, les Écossais et les Gallois sont également très drôles, et je n'oublie pas les gais lurons que sont les Irlandais !) est légendaire. Bien sûr, il peut sembler, parfois, compliqué à comprendre. Pour celles et ceux qui maîtrisent mal le second degré. Je ne vise évidemment personne. En fille dévouée, permettez-moi de vous livrer quelques clés, chers amis français, afin de faciliter votre appréhension de notre *wit* (notre pensée pince-sans-rire).

Principe premier : On ne se prend pas au sérieux. Ainsi nous paraissons proches des gens. Accessibles.

Ce qui nous permet de mettre en lumière nos faiblesses ou nos erreurs. Sans heurter personne. Un exemple vestimentaire, alors que je me regarde dans la glace ? « On dirait que je me suis habillée dans le noir ce matin. »

Prière d'ajouter à cette recette une bonne dose d'ironie et de sarcasme. Du genre : « J'adore quand mon train a du retard ! », phrase prononcée avec un grand sourire, ou encore : « Ça me fait tellement plaisir quand vos enfants jouent au foot dans l'appartement qui est au-dessus du mien » (phrase prononcée avec un sourire encore plus large). Dans le même esprit, à un ami qui danse très mal : « J'adore tes moves sur le dance floor ! »

La pratique de l'euphémisme est un art très britannique. Quand une tempête voire un ouragan se déchaîne, que sommes-nous naturellement tentés de dire lors d'une conversation amicale ? « Il y a un peu de vent, n'est-ce pas ? » Cet art est probablement lié à notre tendance, en toutes occasions, à vouloir faire baisser les prix.

Une autre variante de notre humour est le *deadpan humour*. Il s'agit d'un de nos grands classiques. Faire une blague sans sourire. Avec le plus sérieux des airs. L'effet comique est garanti. En *deadpan humour*, la reine est imbattable.

Oui, nous aimons l'humour absurde, avec sa part de ridicule et de surréalisme. Il suffit de regarder les comédies britanniques. Elles aiment se moquer, avec poésie, des côtés absurdes de la vie quotidienne. Comme la façon, par exemple, dont tout le monde s'agglutine dans un train, alors qu'un prochain départ est annoncé dans deux minutes.

Parfois, un British, qui vous aime bien, peut également choisir de vous charrier avec un peu d'humour qui pique. Avant un match de foot opposant, par exemple, Paris à Liverpool : « Je ne peux pas être vu en public avec un supporteur du PSG ! » Ou encore : « Il paraît que Neymar est blessé. C'est étonnant, non ? » « M'Bappé joue ? Je croyais qu'il avait signé au Real Madrid… »

Rebondissant sur l'humour anglais, je digresse comme le faisait le romancier François Weyergans. Qui me fait penser à ma mère, puisque je viens de lire son roman *Trois jours chez ma mère* (votre prix Goncourt 2005 ! Je me rends compte que j'ai un peu de retard dans mes lectures…) Ma mère, qui me rappelle que nous possédons, dans notre langage courant, une expression : *the funny bone.* Cela ne vous dit rien ? Avez-vous déjà cogné par inadvertance, juste au bon endroit, l'extrémité de votre coude ?

Et ressenti une douleur sourde ou picotante ? Oui ? Vous connaissez alors votre « os drôle » (in french dans le texte) ! Un surnom dû à cette sensation amusante (ou cette douleur bizarre, au choix) que vous ressentez après l'avoir heurté. Votre « os drôle », pourtant, n'est pas du tout un os mais un nerf. Plus précisément le nerf ulnaire, qui permet au cerveau de connaître ce qui se passe dans vos quatrième et cinquième doigts. Le *funny bone* est parfois mentionné pour définir l'humour anglais. Vous n'avez jamais entendu une personnalité – Sa Très Gracieuse Majesté peut-être ? – affirmer : « Cette situation, cet individu, a vraiment chatouillé *my funny bone*... » ? Je ne peux que vous conseiller d'être attentifs, et de tendre l'oreille.

L'humour anglais est partout. Il est notre médecine. À chaque moment de détresse (même légère), nous cherchons le rire, et nous rions de bon cœur, pour faire passer la pilule. L'humour anglais est vraiment partout ? Je confirme ! Même chez vous, chers amis français, dans les mots du meilleur de vos humoristes, le regretté Pierre Desproges, que j'ai plaisir à citer ici :

« Comment reconnaître l'humour anglais de l'humour français ? L'humour anglais souligne avec amertume et désespoir l'absurdité du monde. L'humour français se rit de ma belle-mère. »

Son stabilo style inimitable

Attention : gros dossier royal ! La reine est-elle une icône ou une victime de la mode ? Le chanteur MC Solaar pensait-il à Elizabeth quand il a écrit les paroles de cette charmante ritournelle : « Ainsi font font font les petites filles coquettes / Elles suivent un modèle qui leur fait perdre la tête / From London, Washington, Kingston, Sharengton ou Carcassonne » ?

Ce qui est certain, c'est que le style vestimentaire d'Elizabeth II est unique et, qu'en toute objectivité, elle est un modèle d'élégance. J'en devine un(e) ou deux levant, avec insolence, les yeux au ciel. Pire : étouffant mal un rire moqueur. C'est bien votre genre, au pays d'Yves Saint Laurent, Jean-Paul Gaultier et Jeff Tuche ! Votre souci de l'élégance n'a d'égal que votre mauvaise foi. D'ailleurs, je vous soupçonne d'envier le sens de l'extravagance que possède, comme nulle autre, la reine.

Loin des tenues *so chic* et des parures sobres arborées par les épouses (ou fiancées) de vos présidents successifs, ou du style très strict – tailleur/pantalon – qu'appréciait en toutes saisons Angela Merkel, Sa Majesté ose la couleur et la robe. Automne, hiver, printemps, été : peu importe. Pourquoi ? La principale raison est évidente : Elizabeth II veut être vue de loin, et parfois même de très loin. Elle opte alors pour une couleur que les fashionistas que nous sommes ont baptisée « stabilo » ! J'ai notamment en mémoire un inimitable, et inoubliable, tailleur vert fluo porté lors d'un de ses anniversaires…

La reine n'a pas hésité à faire de la couleur, de toutes les couleurs, sa marque de fabrique. À chaque cérémonie, lors de chaque événement, elle est capable de nous éblouir, au sens propre du terme. En effet, il est parfois recommandé de sortir ses lunettes de soleil, tellement certaines nuances sont *flashy* ! Mais vous connaissez la devise d'Elizabeth : « Il faut me voir pour me croire ! »

Tout aussi inégalable, et marque de fabrique de la reine, son chapeau. Et plus les années passent, plus la souveraine ose tout (ici, aucune référence à Michel Audiard ne sera tolérée). Des plumes, des fleurs, des voilettes. À l'inimaginable, nul n'est tenu, sauf Elizabeth, bien sûr. Ainsi, au discret bibi (chapeau de petite taille, généralement placé sur le haut de la tête et maintenu à l'aide d'une épingle) de sa jeunesse ont succédé de volumineux chapeaux qui sont désormais sa signature. Ils l'habillent, parfont son style, la protègent du soleil (et même de la pluie), et ajoutent une délicieuse cerise sur le gâteau de sa tenue.

J'aime les robes colorées de la reine, j'aime ses chapeaux, mais je vous dois un aveu. Mon look royal préféré (parce qu'il me rappelle ma grand-mère) est beaucoup plus cool. Il s'agit de son inusable ensemble Barbour-foulard-bottes ! C'est la tenue décontractée d'Elizabeth. Une parure idéale pour une virée à la campagne. Lorsqu'elle se rend dans ses châteaux, plutôt qu'un jogging, des claquettes et un bonnet, la reine enfile un bon Barbour pour affronter la pluie écossaise, elle noue un foulard autour de ses cheveux et chausse des bottes pour patauger « dans la gadoue, la gadoue, la gadoue, la gadoue ! » (hommage à notre compatriote Jane Birkin).

Je ne suis pas la seule à être admirative de l'élégance de Sa Majesté. Mon ami Tim Stanley est également sous le charme. Il a accepté de me raconter ce jour où il a rencontré la reine. Il travaillait alors à Londres sur la comédie musicale *Mamma Mia* en tant que chorégraphe adjoint. À la fin du spectacle, il a présenté l'ensemble de la troupe à la souveraine. Tim me confie : « Elle était charmante et faisait en sorte que chaque personne à laquelle elle s'adressait se sente la plus importante, elle avait ce don. » Mais un détail précis a frappé mon ami Tim. La tenue impeccable de la reine. Son élégance dépassait de loin son strict habillement. Oui, le chapeau, les bijoux et le sac étaient assortis à la perfection à sa robe turquoise. Mais par-dessus tout, la reine irradiait de bienveillance délicate. Son élégance était précisément là : elle rendait les autres élégants. Était-ce sa bonne étoile ? Le fameux facteur X inexplicable ? Ou tout simplement son aura de reine ?

Donc, oui, Elizabeth II est une icône de la mode. Plus traditionnelle et moins m'as-tu-vu que Beyonce ou Rihanna, j'en conviens. Même si, comme d'autres stars, elle est entourée d'une belle équipe de stylistes. La reine, d'ailleurs, a inspiré une collection Dolce & Gabanna en 2008. Je ne le savais pas. Un autre ami, Tim Blair, rencontré à Paris, capitale de la mode, me l'a appris et un article de Susannah Frankel dans *The Independent* me l'a confirmé :

« À Milan, lorsque la collection D&G de Dolce & Gabbana a été présentée pour la première fois, la surprise – et même la confusion – était presque palpable. “Pour cette saison, nous voulions créer une collection épurée et facile à porter", confirme Domenico Dolce. Plus précisément : "L'Angleterre, avec ses couleurs et son atmosphère, a été une inspiration importante", poursuit Gabbana. "Le tartan des kilts écossais est le leitmotiv de la collection et nous avons réinterprété l'écharpe qui se noue soit sur les sacs à main, soit sur le cou. »

En proie à une pulsion anglophile, Dolce & Gabbana a transformé notre chère reine en muse de la Fashion Week 2008 ! Une Fashion Week qu'Elizabeth II a d'ailleurs honorée de sa présence, à Londres, en février 2018. Sur le Twitter officiel de la famille royale, on pouvait lire : « Sa Majesté a vu le défilé de Richard Quinn aux côtés de Dame Anna Wintour. Richard est le premier récipiendaire du prix Queen-Elizabeth-II pour le design britannique. » Juste avant de remettre son trophée à Richard Quinn, aux anges, la reine s'est fendue de quelques mots : « C'est un grand plaisir d'être ici aujourd'hui à la Fashion Week de Londres. Du tweed des Hébrides à la dentelle de Nottingham en passant par Carnaby Street, notre industrie de la mode est réputée pour son savoir-faire exceptionnel depuis de nombreuses années. Elle continue à produire des textiles de classe mondiale et des créations à la pointe du progrès. » Assister à son premier défilé de mode à 91 ans : la classe, non ?

Les tenues portées par la reine ne sont jamais le fruit du hasard. Si vous n'êtes pas sans savoir que l'une des nombreuses règles de la famille royale stipule qu'elle ne peut pas exprimer publiquement d'opinions politiques, Elizabeth maîtrise l'art d'envoyer des messages par d'autres moyens. Notamment par vêtements interposés. Décryptage.

En 2017, lorsqu'elle a ouvert la session du Parlement, elle portait une robe bleue, couleur européenne, et son chapeau arborait des fleurs bleu et jaune sur le dessus. On aurait vraiment dit les étoiles du drapeau de l'UE. Pour moi, le message était limpide. Elle indiquait avec subtilité son opposition au Brexit.

Lors de la visite, en 2018, du président américain Donald Trump, le choix des broches de la reine était tout sauf innocent : la première avait été offerte par son prédécesseur, Barack Obama, que Trump détestait ; la seconde par un Premier ministre canadien, pays que le président américain ne portait alors pas dans son cœur ; et la troisième avait été portée par sa mère, la Queen Mum, lors des funérailles de son père, George VI. Qu'est-ce que Sa Majesté voulait signifier à Trump ? Le taquiner ? Le piquer ? Je ne peux imaginer la reine, si bien élevée, avoir la moindre sympathie pour un homme aussi dégoûtant, vulgaire et… (je me retiens !) que Donald Trump.

En 2016 a eu lieu *Fashioning a Reign*, une exposition au palais de Buckingham, à l'occasion des 90 ans d'Elizabeth, avec de nombreuses pièces royales montrées pour la première fois, notamment les robes du mariage de la reine et de son couronnement. L'exposition était passionnante. Tout comme les précisions apportées par Caroline de Guitaut, commissaire de l'exposition : « La tenue de la reine n'est jamais choisie au hasard, elle sert souvent la diplomatie. De passage en Australie, par exemple, elle optera pour le jaune, la couleur nationale. » Une robe jaune, une robe fleurie et une robe assortie, bien sûr, à son chapeau. On est reine ou on ne l'est pas !

Autre atout indispensable à sa tenue : son sac à main. Jamais on ne l'a aperçue sans. Elle en posséderait entre 150 et 200. Cela me paraît presque peu, non ? La reine se fournit essentiellement chez Launer, célèbre sellier londonien. Chaque sac vaut environ 1 500 livres. Ils sont tous ornés d'une étiquette jaune sur laquelle est inscrit : « The Queen ». Un sac à main de la reine ressemble-t-il à celui de la chanson de Benabar ? Y trouve-t-on un poudrier des Puces dans un étui de velours noir ? Un livre de poche ? Des pastilles de menthe et un plan de métro ? Un échantillon de parfum ? Un baume pour les lèvres ? Trois ou quatre stylos ? Des cigarettes ? Halte-là ! Surtout pas de cigarettes ! Nous le savons : Elizabeth déteste les volutes. À l'intérieur de son sac, des objets classiques : un miroir, du rouge à lèvres, des pastilles à la menthe et des lunettes de lecture. Mais il y a plus original. Car la reine a plus d'un tour dans son sac (à main). En effet, elle utilise ce discret accessoire indispensable à sa tenue pour s'échapper des trop longues conversations qui la barbent. Comment procède-t-elle ? En envoyant des messages codés à son personnel. Si la reine déplace son sac à main de son bras gauche vers son bras droit pendant qu'elle parle, elle veut couper court à la discussion. Elle pose son sac par terre ? Il y a urgence, elle veut être sauvée d'une rencontre inconfortable ! Au cours d'un dîner, si elle place son sac sur la table, cela signifie qu'elle veut mettre fin aux réjouissances dans les cinq prochaines minutes. On se croirait dans un James Bond, non ?

Gérer la garde-robe de The Queen n'est pas de tout repos. « Je dois dire que fabriquer des vêtements pour la reine n'est pas une tâche facile. » Qui parle ainsi ? Hardy Amies, styliste de Sa Majesté pendant près de cinquante ans. Il avait compris que chaque parure royale peut être assimilée à un geste politique.

Le styliste de la reine est forcément un sujet de la couronne britannique. Le premier d'entre eux, Norman Hartnell, a réalisé sa robe de mariage et celle de son couronnement. Parmi ses autres créations, des robes du soir, romantiques dans les années 1950, avec d'amples jupes de soie et satin, plus près du corps dans les années 1960. La renommée d'Hartnell était mondiale. Alors qu'il était quelque peu, injustement, tombé dans l'oubli, la série *The Crown* a remis cet artiste des étoffes sous les sunlights. Et c'est amplement mérité, pour celui qui a commencé à travailler pour la famille royale en 1935, quand on lui a demandé de créer la robe de mariée et le trousseau de la future princesse Alice, épouse du duc de Gloucester. La princesse Elizabeth et la princesse Margaret, demoiselles d'honneur du mariage, ont également porté ses créations. Queen Mum, elle-même, était une grande fan d'Hartnell, mort en 1979.

Outre des robes pour Elizabeth II, Hardy Amies avait quant à lui dessiné la tunique de l'équipe anglaise de football pour la Coupe du monde en 1966 (que l'on a gagnée), ainsi que pour l'équipe olympique britannique de 1972.

Depuis 2002, Angela Kelly est la styliste personnelle de la reine. Et j'en suis très fière ! Pourquoi ? Parce que, comme moi, Angela est une fille de Liverpool, issue d'une famille modeste.

S'il y en a une, par contre, qui ne devrait pas être fière, et qui mérite un bon coup de gueule, même des années après, c'est Anna Wintour, la patronne historique de *Vogue*, la méchante du *Diable s'habille en Prada*. Vous vous souvenez du premier défilé de la reine, de sa présence à la Fashion Week afin de remettre un prix au créateur Richard Quinn ? Anna Wintour était bien sûr de la partie. Mais, pour faire son intéressante, ellc n'a pas daigné enlever ses lunettes noires en présence de la reine, avant de tenter d'afficher une forme de complicité déplacée avec Sa Majesté. Visiblement excédée par le comportement de cette yankee fashionista. Vade retro, Anna !

Avec elle, c'est tous les jours Noël

Comme tous les enfants, et comme les miens, Sacha et Leny, j'aime Noël et son messager spécial, à barbe blanche, apportant sur son traîneau et dans sa hotte des « joujoux par milliers » aux petits et aux grands. Chaque année, c'est la fête en famille ! J'aime Noël pour tous ces moments de joie que nous vivons ensemble. Dès le 24 décembre, jouer aux fléchettes, savourer de bonnes bières à la pression, chanter (pas trop faux!) des cantiques à l'église, sans oublier de laisser sur le bar du salon un verre de whisky que le père Noël trouvera en arrivant. Le lendemain, les cadeaux déballés, je me régale d'une dinde farcie aux marrons, avec la sauce aux airelles et, en dessert, d'un Christmas pudding. Mais si j'aime Noël, c'est aussi (et surtout!) pour cet événement merveilleux, que j'écoute religieusement :

le discours de la reine. Une tradition en Grande-Bretagne depuis que le roi George a présenté ses vœux à la radio en 1932 ! L'une des rares occasions où Queen Liz peut s'exprimer librement. Chaque fois, le message est sobre, parfois légèrement politique. Elizabeth, vous le savez, maîtrise comme personne l'art de la mesure, et de la nuance.

Nous sommes donc le 25 décembre. Il est 15 heures et la Terre peut s'arrêter de tourner. Je ne suis plus là pour personne. The Queen va prononcer son discours. Chaque année, à 15 heures tapantes, 10 % de la population britannique (environ 7 millions de sujets !) allume sa radio ou son poste de télévision ou se connecte à Internet pour écouter notre reine délivrer son message de Noël. Pourquoi 15 heures ? L'heure a été choisie afin que tous les pays du Commonwealth puissent profiter de la royale prestation à une heure raisonnable. Et tout le monde, je vous l'assure, est au rendez-vous. Le peuple, les ouvriers, la *middle class*, mon père, ma mère, mes cousins et cousines et même les plus riches de la City. Tous aiment la reine, et tous aiment la retrouver en ce jour sacré, le temps d'une pause – pendant laquelle 656 mots précisément seront prononcés – entre le plat de résistance et le dessert (et le digestif !). Afin que vous puissiez vous figurer la ferveur que provoque cette allocution incontournable, je ne vois guère meilleure comparaison que les apparitions scéniques de Claude François ou de Johnny au Stade de France ! Comme on le fait pour les stars, la reine est scrutée de près. Paraît-elle en forme ? Fatiguée ? Chaque détail de sa tenue est décortiqué et ses mots pesés et soupesés. Elle lit son prompteur plutôt mal, mais nous sommes habitués. C'est presque devenu un style.

Le « discours de la reine » ? L'énoncé est un peu court, pardon. Le terme officiel pour désigner le speech d'Elizabeth est beaucoup plus poétique : « le discours le plus gracieux de Sa Majesté ». En anglais, dans le texte : « *Her Majesty's Most Gracious Speech* ».

Quel est le sens de ce « discours le plus gracieux de Sa Majesté » ? La reine, généralement, nous fait part de ses réflexions sur l'année qui s'achève. Elle revisite quelques-uns des événements qui ont marqué tant la vie du royaume que sa vie personnelle. Elle esquisse également les lignes d'horizon de nos lendemains – que nous espérons toujours meilleurs, surtout en ces temps de virus.

Jusqu'en 1997, l'adresse de Noël a été diffusée à la radio et à la télévision exclusivement par la BBC. Depuis, la production a évolué selon un rythme bisannuel, jusqu'à ce que Sky News prenne la main, en 2011. On ne badine plus avec le speech royal, qui est devenu une sacrée course à l'audience ! Il paraît d'ailleurs que c'est la reine elle-même qui a pris la décision de casser le monopole de la BBC, afin d'offrir à son discours le maximum de visibilité !

En 1952, Elizabeth, alors toute jeune reine de 26 ans, a prononcé son premier speech de Noël, qu'elle concluait par ces mots : « Que Dieu me donne la force de tenir la promesse que je ferai à l'abbaye de Westminster, comme avant moi mes ancêtres, de dévouer ma vie à votre service. »

Il a fallu attendre cinq ans pour que cette allocution soit retransmise à la radio et à la télévision. Installée dans la bibliothèque de son château, entourée de photos de famille, Sa Majesté a justement salué cette innovation technologique : « La télévision a permis à beaucoup d'entre vous de me voir depuis vos foyers le jour de Noël. J'espère vraiment que ce nouveau moyen rendra mon message de Noël plus personnel et direct. » Avant de présenter ses vœux à son peuple : « J'espère que 1958 vous apportera la bénédiction de Dieu et toutes les choses que vous attendez. Je vous souhaite donc à tous, petits et grands, où que vous soyez, tout le plaisir, la joie et la paix d'un très joyeux Noël. » Il s'est produit un phénomène étrange, lors de cette première diffusion : certains téléspectateurs se sont plaints que les mots de la reine auraient été interrompus, un court moment, par... une fréquence radio de la police américaine ! La voix rocailleuse d'un agent de police aurait été entendue. Que disait-elle ? « Joe, je vais prendre un café ! » À la place d'Elizabeth, j'aurais mandaté les agents Mulder et Scully afin qu'ils enquêtent et percent ce mystère !

Depuis 1957, la teneur du discours de Sa Majesté varie peu. Il est à noter qu'elle l'écrit, pour une grande part, elle-même. Plutôt que d'attendre qu'un scénariste lui remette une version forcément impersonnelle, elle préfère se poser tranquillement avec ses conseillers, leur faire part de ses idées et de ses mots, qu'ils mettront en forme. En 1967, la couleur s'invite dans le petit écran ! Cette nouveauté technologique dévoile à tous le goût de la reine pour les robes de couleur.

Si l'année 1969, pour paraphraser Serge Gainsbourg, était érotique (pour d'autres raisons, j'imagine, que l'investiture du prince Charles !), elle a surtout été l'occasion d'une grande première pour la reine. La souveraine n'a pas choisi les ondes pour adresser son message de Noël, mais a rédigé une lettre, rendue publique. « Je veux que vous sachiez tous que mes bons vœux ne sont pas moins chaleureux et personnels, car ils viennent à vous sous une forme différente. » Et la télévision a, pour sa part, diffusé un documentaire « en immersion au sein de la famille royale ».

Chaque cuvée du « plus gracieux discours de Sa Majesté » offre sa petite nouveauté, une touche inédite, comme pour les meilleurs vins. En 1975, par exemple, le discours a été filmé en extérieur pour la première fois, dans les jardins du palais de Buckingham. Le cru 1980 a, quant à lui, explosé toutes les audiences, rassemblant plus de 28 millions de téléspectateurs. À l'inverse, 1992 est une année à oublier. Une « annus horribilis », pour reprendre les mots d'Elizabeth, rythmée par l'effondrement des mariages de ses fils Charles et Andrew et par l'incendie dramatique du château de Windsor. Pour ne rien arranger, suprême trahison !, *The Sun* a divulgué le contenu du discours de la reine deux jours avant Noël. Quelle frustration ! La riposte royale a été à la hauteur de sa colère. Elizabeth a porté plainte contre *The Sun*. La justice a fait son travail rapidement et le journal a été condamné à verser 200 000 livres sterling à une œuvre caritative. En 2006, le progrès s'invite une nouvelle fois dans la retransmission du discours, qui peut être téléchargé en format podcast. Les allocutions se sont ainsi enrichies au fil des avancées technologiques, sous-titres pour les malentendants, accès en direct sur Internet, et même, en 2012, discours en 3D, avec avatar de Sa Majesté.

Un *one shot*, puisque la 3D n'a jamais passionné les foules.

Je ne peux pas ne pas évoquer l'année 1997, si difficile pour la reine et pour le royaume. Le 31 août, la princesse Diana meurt, victime d'un accident de voiture à Paris, dans le tunnel de la voie Georges-Pompidou, sous la place de l'Alma. Dès l'annonce de ce décès tragique, l'émotion est planétaire et nous nous souvenons tous encore de ce que nous faisions en ces minutes précises. Comment oublier ce jour maudit (qui a également vu Mère Teresa s'en aller) ? Pour ma part, j'étais au chevet de ma meilleure amie Georgina, rapatriée de Grèce après un grave accident de scooter, elle souffrait de brûlures au troisième degré (je vous rassure, elle va bien aujourd'hui). Très rapidement, il a été reproché à la reine, dont les rapports avec Diana (divorcée de Charles depuis le 28 août 1996) pouvaient être tièdes (notre art de l'euphémisme, toujours !), de n'avoir pas immédiatement quitté sa résidence de Balmoral pour regagner Londres. Ses premiers mots à l'annonce du décès ont aussi été stigmatisés : « Quelqu'un a dû graisser ses freins. » Tout comme sa lenteur à accepter que le Royal Standard, le drapeau de la reine, soit mis en berne, en hommage à Diana et même en l'absence d'Elizabeth, à Buckingham Palace. Sa Majesté, fine psychologue, a senti qu'elle blessait ses sujets, qui adoraient Lady Di. Elle a intimement senti qu'à la douleur et la tristesse provoquées par la mort de la « princesse du peuple » se mêlait une profonde colère, qui la visait. Les tabloïds n'étaient pas en reste, affichant en une : « Où est notre reine ? » « Montrez-nous que cela vous touche ! » « Les gens souffrent, parlez-nous, Madame ! » Alors une nouvelle fois, elle a su faire corps avec le royaume, elle a su trouver les mots justes, les mots qui touchent en plein cœur. D'abord lors d'une allocution exceptionnelle, prononcée « en tant que reine et en tant que grand-mère », depuis le balcon du palais : « Ce n'est pas facile de ressentir la perte de quelqu'un. Au choc initial succède souvent un mélange d'autres sentiments : le désarroi, l'incompréhension, la colère et de la peine pour ceux qui restent. Tout d'abord, je souhaite rendre hommage en personne à Diana. Elle était un être humain exceptionnel et talentueux. Dans les bons comme dans les mauvais moments, elle n'a jamais perdu son sourire et ses fous rires. Elle n'a cessé d'inspirer les autres par sa chaleur et sa bienveillance. Je l'admirais et la respectais pour son énergie et son engagement envers les autres, en particulier pour son dévouement envers ses deux garçons. Personne qui a connu Diana ne l'oubliera. Il s'agit d'une opportunité pour montrer au monde entier que la nation britannique est unie dans le deuil et le respect. Que ceux qui sont morts reposent en paix. Chacun d'entre nous, remercions Dieu pour celle qui a rendu tellement de gens heureux. » Puis lors de son discours de Noël, quelques mois plus tard : « Nous avons tous ressenti le choc et la douleur de la mort de Diana. Des milliers et des milliers d'entre vous ont exprimé leur chagrin dans les merveilleuses fleurs et les messages qui lui ont été adressés en hommage. Cela a été un grand réconfort pour ses proches. » Un discours de 9 minutes et 50 secondes : le plus long message de Noël prononcé par un monarque britannique.

Si j'aime me souvenir de l'entame poétique de la première adresse de Noël, en 1932, du roi George V : « Je parle maintenant de chez moi et de tout mon cœur à vous tous ; aux hommes et aux femmes si coupés par les neiges, le désert ou la mer, que seules les voix hors des airs peuvent les atteindre », je ne cesse d'être bouleversée, émue aux larmes, par les mots d'Elizabeth, prononcés le 25 décembre 2021, à l'issue d'une année terriblement compliquée pour la souveraine. Une année marquée par le covid, par l'usure de l'âge, par la fatigue, par le Megxit et par le décès de son époux, Philip, auquel elle a rendu le plus touchant des hommages.

« Bien que ce soit une période de grand bonheur et de bonne humeur pour beaucoup, Noël peut être difficile pour ceux qui ont perdu des êtres chers.

Cette année, surtout, je comprends pourquoi.

Mais pour moi, au cours des mois qui ont suivi la mort de mon bien-aimé Philip, j'ai tiré un grand réconfort de la chaleur et de l'affection des nombreux hommages à sa vie et à son travail – partout à travers le Royaume-Uni, le Commonwealth et le monde.

Son sens du devoir, sa curiosité intellectuelle et sa capacité à s'amuser dans n'importe quelle situation étaient irrépressibles.

Ce scintillement espiègle et interrogateur était aussi brillant à la fin que lorsque j'ai posé les yeux sur lui pour la première fois.

Mais la vie, bien sûr, se compose de séparations finales ainsi que de premières rencontres, et autant qu'il me manque à moi et à ma famille, je sais qu'il voudrait que nous profitions de Noël.

Nous avons ressenti sa présence alors que, comme des millions de personnes dans le monde, nous préparions Noël.

Qu'il s'agisse de chanter des chants de Noël – tant que l'air est bien connu – décorer le sapin, offrir et recevoir des cadeaux, ou regarder un magnifique film de Noël dont nous connaissons déjà la fin, il n'est pas surprenant que les familles chérissent si souvent leurs coutumes de Noël.

Nous voyons nos propres enfants et leurs familles embrasser les rôles, les traditions et les valeurs qui comptent tant pour nous, car ils sont transmis d'une génération à l'autre, parfois rénovés au cours du temps.

Je le vois dans ma propre famille et c'est une source de grand bonheur.

Le prince Philip a toujours été attentif à ce sentiment de transmission.

Il a également été l'un des premiers à prendre au sérieux la question de l'environnement, et je suis fière, au-delà des mots, que son travail de pionnier ait été repris et magnifié par notre fils aîné Charles et son fils aîné William, admirablement soutenus par Camilla et Catherine.

Le mois de février, dans six semaines à peine, verra le début de mon année de jubilé de platine, qui, je l'espère, sera l'occasion pour les gens du monde entier de profiter d'un sentiment d'unité, une chance de rendre grâce pour les énormes changements des 70 dernières années – sociales, scientifiques et culturelles – et aussi d'envisager l'avenir avec confiance.

Je suis sûre que quelqu'un quelque part aujourd'hui remarquera que Noël est une période pour les enfants.

C'est une vérité engageante, mais seulement la moitié de l'histoire. Peut-être est-il plus vrai de dire que Noël peut parler à l'enfant qui est en nous.

Les adultes, accablés de soucis, ne parviennent parfois pas à voir la joie dans les choses simples, là où les enfants la voient.

Et pour moi et ma famille, même avec un rire familier manquant cette année, il y aura de la joie à Noël, car nous avons la chance de nous souvenir et de voir à nouveau le merveilleux de la saison des fêtes à travers les yeux de nos jeunes enfants, dont les quatre autres que nous avons eu le plaisir d'accueillir cette année.

Ils nous enseignent à tous la leçon – tout comme l'histoire de Noël – que dans la naissance d'un enfant, il y a une aube nouvelle avec un potentiel sans fin.

C'est cette simplicité de l'histoire de Noël qui la rend si universellement attrayante, des événements simples qui ont formé le point de départ de la vie de Jésus, un homme dont les enseignements ont été transmis de génération en génération et ont été le fondement de ma foi. Sa naissance a marqué un nouveau départ.

Comme le dit le chant de Noël : “Les espoirs et les craintes de toutes les années sont satisfaits en toi ce soir.”

Je vous souhaite à tous un très joyeux Noël. »

Avec la reine, par-delà les douleurs et les peines, les jours difficiles et les deuils, une vérité s'impose, immuable : c'est tous les jours Noël !

Million dollar Majesty

Une des critiques qui revient le plus dans la bouche de mes amis français porte sur la richesse de la reine et de la famille royale. La richesse et les dépenses, bien sûr. La royauté serait un puits sans fond pour la Grande-Bretagne, les Windsor des inconscients juste bons à jeter l'argent du peuple par les fenêtres de leurs nombreux palais. Avant que je ne mette un terme définitif à ces accusations de mauvaise foi, mon amie Jennifer souhaite intervenir.

« Non, la fortune de la reine n'est pas choquante. D'ailleurs, elle n'est pas si riche que ça ! Elle n'est même pas la plus fortunée des monarques européens. En 2018, elle n'était que la 344e fortune du monde. Bien loin de Bill Gates, Elon Musk, Jeff Bezos, sans parler de ces *Frenchies* si discrets : François Pinault et Bernard Arnault ! À côté, la reine est une petite joueuse. Bien sûr, la reine et la famille royale représentent un coût pour chaque sujet de la Couronne. Mais, en retour, que de bénéfices ! Les retombées économiques, directement liées à la reine, sont immenses. Le tourisme lui doit beaucoup… »

Merci, ma chère Jennifer, pour cette pertinente intervention, et ces mises au point.

Oui, la reine est riche. Selon *Forbes*, en 2016, Elizabeth II possédait en son nom une fortune estimée à 530 millions de dollars. Mais, autre révélation de *Forbes*, la monarchie britannique rapporte près de 1,8 milliard de livres sterling à l'économie du Royaume-Uni chaque année, dont 550 millions de livres pour le tourisme. Comme le disait, en France, le premier secrétaire du Parti communiste, Georges Marchais : le bilan est globalement positif !

Oui, la reine est la *number one* des propriétaires du Royaume-Uni, avec quelques modestes bicoques comme le château de Balmoral, en Écosse, ou encore le domaine de Sandringham, dans le Norfolk, et ses 8 000 hectares de forêts, de fermes et d'exploitations. Sans oublier le duché de Lancaster : 18 000 hectares de terres agricoles, dix châteaux, des centres commerciaux, des entrepôts, des bureaux.

Elle peut également compter sur quelques biens hérités de son père, le roi George VI, et de sa mère,

Queen Mum, qui possédait une magnifique et impressionnante collection d'œuvres d'art : 7 000 peintures et 40 000 aquarelles, incluant notamment des Rembrandt, des Canaletto, des Vermeer, et 600 dessins de Léonard de Vinci. Des œuvres transmises de génération en génération. Sans droits de succession ? Il est vrai. Il est toutefois à noter que, alors qu'un souverain britannique n'est pas tenu par la loi de payer des impôts sur le revenu et sur les gains en capital, Elizabeth a décidé de s'en acquitter depuis 1993. Et rien ne l'y obligeait.

Les objections continuent de se faire entendre ? La reine coûterait un bras (et même deux !) au contribuable anglais ? Jetons quelques chiffres sur la table.

82 millions de livres : voilà le montant de la subvention publique (« *sovereign grant* ») que reçoit la reine chaque année pour financer ses obligations et l'entretien des palais. Dans cette dotation, 33 millions vont aux travaux de Buckingham palace. Le reste sert à payer les employés de la Couronne, à financer les voyages officiels et autres frais de représentation des Windsor. Bref : à faire rayonner le royaume dans le monde. Ce qui n'est pas négligeable, et ce qui n'est pas une mince affaire (surtout par temps de Brexit !). Il est important de préciser que cette rente royale provient des revenus générés par le domaine de la Couronne

(géré par le gouvernement britannique depuis une réforme de 2012), un domaine riche notamment en terres, en immeubles et hôtels particuliers, en champs de courses, en réserves naturelles, en bâtiments historiques (Buckingham et Windsor), un domaine qui rapporte environ, chaque année, 9 milliards d'euros !

La rente royale, finalement, est un petit prêté pour un gros rendu, non ? N'oublions pas non plus qu'Elizabeth II est la bienfaitrice de plus de 620 œuvres de charité et autres organisations dans de multiples domaines : protection de l'enfance et des animaux, santé, écologie, religions, j'en oublie… Désolée pour les grincheux, mais Sa Majesté est plus proche de Mère Teresa que de l'oncle Picsou !

Elizabeth a 30 millions d'amis

Qui a dit : « J'aurais aimé être une dame vivant à la campagne avec beaucoup de chevaux et de chiens » ? Elizabeth, alors âgée de 12 ans, indiquant à un professeur ce qu'elle aurait aimé faire si elle n'était pas une princesse royale.

Qui est capable, en plein safari au Kenya, de grimper sur un figuier afin de mieux observer les éléphants ? Sa Très Gracieuse Majesté, en 1952 !

Qui s'apprête à commercialiser un parfum pour chiens, baptisé The Happy Hounds Dog Cologne, qui fleure bon les « balades côtières », un parfum « à la senteur riche et musquée, aux notes hespéridées de bergamote » ? Elizabeth II !

Qui, en plein confinement, effectue sa première apparition publique, à cheval, à 94 ans, dans les jardins du château de Windsor ? Toujours The Queen !

Depuis sa plus tendre enfance, les chevaux sont vraiment la passion de Sa Majesté. Poneys, juments, équitation et courses hippiques ont toujours accompagné son quotidien. Elizabeth avait 3 ans lorsqu'elle monta en selle pour la première fois. Un an plus tard, son grand-père, George V, lui offrit le plus beau des cadeaux d'anniversaire : un poney Shetland nommé Peggy. Son premier cheval ! Qui sera vite rejoint par d'autres camarades. Son père, George VI, lègue en effet à Elizabeth une écurie de pur-sang. Des cadors des champs de course qui, année après année, ont remporté plus de 1 700 trophées ! Seul regret de Sa Majesté : le fameux derby d'Epsom manque à son palmarès. Mais il n'est pas trop tard pour y remédier. À chaque victoire, la reine est folle de joie, et n'essaie pas de le cacher. Elle encourage, applaudit, serre les poings, commente, trépigne, s'emporte (avec modération, *of course*), laisse éclater son bonheur, sourit. Pour The Queen, une course hippique, c'est comme le thé : une cérémonie immanquable ! Si elle ne peut se rendre physiquement sur un champ de courses, ou si ses occupations ne lui permettent pas de regarder la course à la télévision, les consignes royales sont claires : il faut l'enregistrer ! Elle la visionnera au plus vite, peut-être après s'être rendue à Balmoral où, depuis 2007, elle s'est lancée dans l'élevage de poneys Highland.

J'aime l'élégance de la reine à cheval, de son plus jeune âge jusqu'à aujourd'hui. Les photos sont nombreuses, toujours magnifiques. La reine seule, ou avec son époux, ou même avec le président américain Ronald Reagan. Sans oublier la reine avec ses enfants et petits-enfants. Chez les Windsor, les chevaux sont une affaire de famille. Anne a notamment été championne d'Europe, en concours complet, en 1971. Mais la star royale des cavalières, et grande fierté d'Elizabeth II, est Zara Phillips, petite-fille de Sa Majesté et fille d'Anne. Son palmarès en impose. En 2005, elle est championne d'Europe de concours complet. Un an plus tard, elle gagne la médaille d'or individuelle et la médaille d'argent par équipe aux Jeux équestres mondiaux, à Aix-la-Chapelle. Et le must, en 2012, aux JO de Londres, chez elle, devant tout le pays, elle remporte la médaille d'argent par équipe. Mais ce que je préférais, chaque année, c'était admirer la reine, à l'occasion du *Trooping the Colour*, qui célèbre l'anniversaire officiel de Sa Majesté, à la fin du mois de juin. Elizabeth, à la tête du défilé, parée de rouge, chevauchait en amazone Burmese, une jument canadienne, cadeau de la police montée de ce pays.

Les chevaux ne constituent pas la seule passion animale d'Elizabeth. La souveraine, parmi ses nombreux titres de noblesse, en possède un particulièrement charmant : « Seigneur des cygnes ». C'est ainsi qu'elle est saluée, chaque été, sur la Tamise, par ses sujets en charge d'un rituel ancestral : le recensement des cygnes. Une cérémonie que la reine ne manquerait pour rien au monde ! Elle est également la protectrice – et propriétaire ! – de certains poissons et mammifères (esturgeons, baleines, dauphins, marsouins) des côtes anglaises.

Reine des chevaux, des cygnes et des poissons, Elizabeth est aussi – et surtout – la reine des chiens (si je peux me permettre ce raccourci). Mais pas n'importe quels chiens. Les corgis. Plus précisément, les welsh corgis Pembroke, une race originaire du pays de Galles.

Le premier corgi royal répondait au doux nom de Susan. Encore un cadeau d'anniversaire, pour ses 18 ans. Même si Elizabeth avait appris, bien plus jeune, à aimer ces petites bêtes. Elle avait 7 ans quand son père rapporta un corgi, Dookie, à Buckingham. Des chiens qui, désormais, seraient partout chez eux dans les palais royaux, et de tous les voyages de la reine. Susan, par exemple, était aux premières loges du voyage de noces de la reine, en 1947. En 70 ans de règne, Sa Majesté a possédé une trentaine de corgis, Dookie, Susan, Sugar, Honey, Monty, Willow et les autres, jusqu'à douze en même temps ! Tous chéris, choyés avec un soin unique. Une pièce leur est réservée dans chacune des demeures royales, sobrement baptisée « chambre des corgis ». Leurs lits, particulièrement douillets, sont des paniers en osier surélevés pour éviter qu'ils n'attrapent un mauvais rhume. Deux valets, nommés Doggie 1 et Doggie 2, leur sont dévoués. Attention, toutefois, à ne pas les déranger dans leur *home sweet home*. Ils ont, paraît-il, la morsure facile. Ces petites bêtes, en effet, ont un sacré caractère. Le prince Harry ne dira pas le contraire, qui s'en plaignait à la BBC, le jour de ses fiançailles, en 2017 : « J'ai passé les trente-trois dernières années de ma vie à me faire aboyer dessus ! » Ni le chef Darren McGrady, qui a travaillé quinze ans auprès de la reine : « La première fois que j'ai rencontré la reine et ses corgis, j'étais au château de Balmoral, près de la rivière ; je les ai vus au loin et je me réjouissais. Je pensais que ça allait être vraiment sympa. Mais au fur et à mesure qu'elle se rapprochait, les chiens m'ont vu et ont commencé à me courir après en aboyant. J'ai eu vraiment peur, je me suis retourné et j'ai couru. La reine a ri. Elle a trouvé ça très drôle. » Il raconte également ce rituel fabuleux qu'est le dîner des corgis de la reine, chaque jour, à 17 heures précises. « Je ne m'attendais pas à cuisiner pour les chiens de la reine lorsque j'ai commencé à travailler à Buckingham Palace. Je pensais que j'allais cuisiner pour les rois, les reines et les présidents. Je l'ai fait finalement, mais une de mes premières tâches a été de cuisiner pour les corgis. Les corgis royaux ont des aliments frais tous les jours, ils ont leur propre menu. Ils mangent du lapin, du poulet, du bœuf, du chou et du riz. Le tout coupé en petits morceaux. Pour être sûr qu'il n'y a pas d'os dans la viande. Imaginez qu'un des chiens s'étouffe... J'aurais eu de gros problèmes. »

Qui, selon vous, se charge de donner à manger aux corgis royaux? La reine en personne. Il est hors de question qu'un valet prenne la main sur ce moment crucial de la journée! La meute de corgis est alors placée en demi-cercle autour de Sa Majesté qui nourrit chacun, en commençant par le plus âgé, tandis que les autres attendent leur tour et se tiennent à carreau.

En 2015, Elizabeth II avait décidé d'arrêter d'élever des corgis. Elle craignait, avec l'âge, que les chiots ne se prennent dans ses pieds et la fassent chuter. Et puis quand un chien mourait, elle mettait des mois à s'en remettre. Ce trop-plein de peines la fragilisait. Pourtant, pour la réconforter alors que le prince Philip était hospitalisé, en février 2021, et l'aider à traverser ces jours si difficiles, la reine a accepté que son fils Andrew lui offre deux chiots adorables : Fergus et

Muick. Elle était ravie de l'énergie si positive qu'ils insufflaient à Buckingham, en ces temps troublés. Philip s'en est tragiquement allé, le 9 avril 2021. Et un mois plus tard, Fergus est brutalement décédé alors qu'il avait tout juste 5 mois. Achevant de dévaster de douleur le cœur de la reine en plein deuil. Une reine qui, peut-être, a en mémoire ces mots de Milan Kundera : « Les chiens sont notre lien avec le paradis. Ils ne connaissent pas le mal, la jalousie ou le mécontentement. S'asseoir avec un chien sur une colline par un après-midi radieux, c'est se retrouver au paradis, où ne rien faire n'était pas ennuyeux… c'était la paix. »

Pourquoi j'aime la reine

À ce stade de votre lecture, ce n'est plus un scoop : oui, j'aime la reine!

Et comme j'aime aussi les listes (je suis une maniaque des courses et j'ai toujours peur d'oublier un pot de marmelade ou un tube de dentifrice si je n'ai pas un pense-bête), j'ai envie de vous faire part, pêle-mêle, de quelques raisons incontestables pour lesquelles Elizabeth II est un bienfait unique pour nous, ses sujets, et pour l'humanité en général (ne soyons pas mesquins). En résumé :

J'aime Elizabeth II parce qu'elle est notre ancrage unique avec toute l'histoire du royaume. Notre lien direct avec Victoria (son arrière-arrière-grand-mère), Henry VIII (son arrière-grand-oncle à la douzième génération) et avec l'homme qui nous a présenté le bœuf, le mouton et le porc en introduisant dans notre langue la distinction entre la viande et l'animal qui la produit, William Ier (dont elle est l'arrière-petite-fille à la vingt-quatrième génération). Elle est notre histoire vivante, et en marche.

J'aime Sa Majesté pour son goût (presque immodéré) du gin et du champagne ! Le secret, paraît-il, de sa jeunesse éternelle...

Je l'aime parce qu'elle est la seule monarque de l'histoire britannique correctement formée pour changer un pneu, ayant travaillé comme mécanicienne dans l'armée territoriale auxiliaire féminine pendant la Seconde Guerre mondiale. Cela mérite le plus grand respect, non ?

J'aime Elizabeth parce qu'elle vient de lancer sa propre marque de bière, la Sandrigham, et qu'il me tarde de la goûter !

J'aime Queen Liz parce qu'elle fait ce qu'elle veut, quand elle veut, selon son bon plaisir. Ainsi, lorsqu'elle a invité à déjeuner, à Balmoral, le prince héritier Abdallah d'Arabie saoudite, elle lui a offert, en plus du festin, le choc de sa vie. Afin d'effectuer un petit tour du domaine royal, la reine a pris très tranquillement le volant de sa Land Rover, et invité le prince à ses côtés. Celui-ci a failli s'en étrangler ! Il est vrai qu'alors, les femmes n'avaient pas le droit de conduire en Arabie saoudite. Voilà une belle leçon de féminisme.

J'aime la reine pour chaque moment de son existence tellement riche, que nous pouvons désormais revivre à la télévision, en regardant *The Crown*.

Je l'aime parce que sa famille constitue le meilleur feuilleton au monde. Charles, Andrew, Diana, Harry, William, Kate, Meghan, Pippa... quel casting d'enfer ! Pas étonnant que Netflix en ait fait une série à succès. De jeunes princes et princesses galopent tandis que Mamie s'occupe stoïquement du pays, de ses sujets et de son gouvernement. Tout le monde a un oncle fou, un mouton noir ou un Andy gentil mais vicieux dans sa famille, non ?

J'aime Sa Majesté parce qu'elle a davantage de moutons noirs dans sa famille que la plupart d'entre nous. Ainsi, elle nous déculpabilise et nous permet de tolérer plus facilement nos propres mécréants et chenapans, puisque nous savons tous que la figure la plus élevée du pays connaît les mêmes problèmes. Et qu'elle les surmonte, la tête haute !

J'aime Elizabeth quand je l'imagine demander au prince Edward son code Netflix afin de passer la soirée à regarder *The Crown*, peinarde dans son fauteuil !

J'aime la reine parce qu'elle est, comme moi, mauvaise joueuse au Monopoly ! Jeu qui a d'ailleurs été banni de la famille royale. Pour quelle raison ?

Selon une confidence du prince Andrew, chaque partie tournait à la foire d'empoigne.

Je l'aime parce que, comme elle, je rêve de posséder mon propre distributeur de billets à la maison. Le sien a été installé au sous-sol de Buckingham par la prestigieuse banque Coutts & Co. Quoi de mieux, pour être tranquille et éviter de faire la queue, qu'un DAB perso? Une machine très utile, surtout quand on dépense 90 millions d'euros par an! Ça en fait des allers-retours à la cave!

J'aime la reine pour cette chance unique qui est la sienne : son anniversaire est fêté deux fois! Elle est née un 21 avril, mais le pays ne célèbre officiellement sa naissance que le 11 juin. En effet, les monarques dont les anniversaires ont lieu pendant des mois possiblement trop froids prévoient généralement un anniversaire officiel supplémentaire à une date susceptible d'offrir une météo meilleure pour un défilé. (Oh, les joies du *British weather*!)

J'aime Elizabeth pour sa discrétion, qui n'a jamais varié au fil du temps. Dans une époque où on partage tout sur Twitter ou Facebook, où on like tout sur Instagram, où on affiche ses danses et états d'âme sur Tiktok, une époque où il n'y a plus aucune intimité, la reine ne partage que peu de sa vie. Elle sait se tenir à l'écart de la « société du spectacle ».

J'aime Sa Majesté pour son inimitable, et inénarrable, « coucou » adressé de la main à ses sujets. Un coucou plus connu sous le nom de salut de la reine.

J'aime Queen Liz pour son goût très sûr en matière de série télévisée. Elle adore *Downton Abbey* (tout comme Kate, William et... moi !). En 2011, elle a d'ailleurs souhaité anoblir Julian Fellowes, le créateur de la série, également romancier de grand talent.

J'aime The Queen parce qu'elle sait, grâce à son patrimoine royal, nous rattacher à notre passé historique. À Battle Abbey, nous pouvons voir le site de la bataille de Hastings. À la Tour de Londres, nous pouvons découvrir le lieu où Ann Boleyn a été décapitée. À Balmoral, nous pouvons imaginer le bonheur familial de la reine Victoria, qui avait surnommé ce lieu « mon cher paradis des Highlands ».

J'aime Elizabeth pour sa passion des belles bagnoles. Qu'elle partage avec mon père ! Même si mon cher papa, malheureusement, n'a jamais possédé ni Rolls-Royce Phantom (offerte en 1950 à la reine par la Royal Air Force pour saluer son engagement durant la Seconde Guerre mondiale), ni Bentley State Limousine (offerte en 2002 pour les 50 ans de son accession au trône), ni Range Rover Hybrid Landaulet ! Et il ne m'a jamais offert non plus – quelle injustice, décidément ! – l'Aston Martin DB6 Vantage

Volante reçue par Charles pour son 21e anniversaire, ou la Jaguar Type E Roadster Concept Zéro, petit cadeau qui fit bien plaisir à Harry pour son mariage avec Meghan.

J'aime la reine pour le *God Save the Queen* que nous chantons tous, la main sur le cœur, lors des matchs de rugby ou de football, lors des cérémonies officielles, lors des événements marquants de nos vies.

J'aime Elizabeth parce que, oui, je veux que Dieu protège notre gracieuse reine !

J'aime Elizabeth parce que, oui, je souhaite longue vie à notre noble reine !

J'aime Elizabeth parce que, oui, je la veux victorieuse, heureuse et glorieuse ; et que soit long son règne sur nous !

J'aime Elizabeth parce que, oui, puisse-t-elle régner longuement, et défendre nos lois, et nous donner toujours raison de chanter avec cœur et à pleine voix : « God save the Queen » !

J'aime Elizabeth parce que j'adore quand ma mère me rappelle qu'il n'y a pas si longtemps encore, *God Save the Queen* retentissait dans les cinémas, à la fin de chaque film, et que tout le monde se levait pour chanter.

J'aime The Queen parce que son visage orne toutes nos pièces de monnaie. C'est le meilleur des moyens pour ne jamais se faire oublier !

J'aime Sa Majesté pour sa longévité, qui est la première clé, et le miroir, de sa popularité.

Je l'aime pour son dévouement et sa sagesse. Deux qualités qui firent écrire à un journaliste anglais : « Il y a Dieu si vous y croyez, et il y a la reine ! »

Je l'aime pour les télégrammes de vœux qu'elle adresse à tous ses sujets qui fêtent leur 100e anniversaire et leurs noces de diamant.

Je l'aime pour avoir répondu, en 2015, à la petite Mélissa, 6 ans, qui l'avait invitée à son goûter d'anniversaire, tout en regrettant de n'avoir pu, à deux occasions, visiter le palais de Buckingham : « Bien qu'elle ne puisse se rendre à votre goûter d'anniversaire, la Reine a grandement apprécié que vous ayez gentiment pensé à elle, et espère que vous passerez un agréable moment avec votre famille et vos amis le 27 septembre prochain. »

J'aime Elizabeth parce qu'elle donne envie à des millions de Britanniques, à chacun de ses jubilés, de faire la fête, de trinquer, de danser, de s'amuser, de rire, d'enchaîner banquets et pique-niques géants. Qu'il vente, qu'il neige, qu'il pleuve ou que la canicule soit au rendez-vous !

J'aime la reine pour chacun de ses mots.

Je l'aime quand elle s'impatiente, en 1988, alors que la naissance de la princesse Béatrice tarde : « Ces satanés bébés ne sortent pas avant d'être fin prêts. »

Je l'aime quand elle regarde des photos d'elle : « C'est terrible. Si je ne souris pas, j'ai un visage à l'air ronchon. Mais je ne suis pas fâchée. Si vous essayez de sourire en permanence pendant deux heures, cela vous donne un tic nerveux. »

Je l'aime quand, en une phrase, elle parvient à stupéfier, et faire rire, Eric Clapton qui, lors d'une réception à Buckingham, avait sorti sa guitare : « Vous jouez depuis longtemps ? »

Je l'aime pour sa définition du foot et des footballeurs : « Le football est une entreprise difficile et ceux qui le pratiquent ne sont-ils pas des prime donne ? Mais c'est un jeu merveilleux ! »

Je l'aime quand, après une courte dispute avec le prince Philip devant des photographes, elle lance : « Je suis désolée pour ce petit interlude. Mais, comme vous le savez, cela arrive dans tous les couples. »

Je l'aime quand, avec son cher et tendre époux, elle visionne des images du mariage de Charles et Diana en 1981, et s'exclame : « Oh, regarde, j'ai mon visage de Miss Piggy ! »

Je l'aime pour son amour immodéré, son amour si beau, si touchant, son amour unique, du premier jour jusqu'à aujourd'hui, pour le prince Philip : « Il a, tout simplement, été ma force et mon soutien durant toutes ces années. Je lui dois, ainsi que toute ma famille, ce pays et bien d'autres, une dette plus grande qu'il ne la réclamera et que nous ne connaîtrons jamais. »

J'aime Sa Majesté pour son incomparable sens du devoir, envers son pays et son peuple. Que ce soit en tant que chef de l'armée, en tant que chef de l'État ou chef de l'Église, elle a toujours fait passer le devoir envers le pays avant toute autre chose, y compris sa famille.

J'aime la reine pour sa force et sa résilience face aux aléas et aux drames de la vie. Elle est notre épine dorsale. L'exemple à suivre.

J'aime Elizabeth, qui apparaît dans plus de 100 fictions télévisées et films, parce qu'elle a permis à Helen Mirren d'incarner son plus beau rôle, dans *The Queen*, le film de Stephen Frears.

J'aime la reine parce qu'elle nous ressemble. Elle aime les chevaux (comme Guillaume Canet) et les chiens (comme Michel Drucker). Elle rit et pleure (comme le Jean de la chanson). Elle n'est pas contre, de temps en temps, un plateau-repas devant la télé. On l'a même vue en train de faire un barbecue à Balmoral ! Finalement, une reine normale (comme François Hollande). Mais en beaucoup plus riche !

J'aime la reine, tout simplement, qui répond, quand on lui demande si elle va bien : « Je suis encore en vie, en tout cas ! »

Lettre à Sa Majesté

Madame,

Alors que ce livre s'achève, j'ai envie, pour reprendre les mots du poète Boris Vian, de vous faire une lettre. Que vous lirez peut-être, si vous avez le temps. Je vous sais, en cette année où l'on célèbre les 70 ans de votre règne, particulièrement accaparée. Mais je sais aussi, Votre Majesté, que vous appréciez, depuis toujours, le genre épistolaire. N'hésitant pas à répondre à vos sujets, qui s'adressent à vous afin de manifester tendresse, admiration ou soutien.

Vous avez comblé de joie, et de fierté, un petit Français, Noé, âgé de 7 ans, en répondant à la lettre qu'il avait postée, à votre attention, juste après l'enterrement de votre époux, son Altesse Royale le duc d'Édimbourg. Ayant lui-même perdu son arrière-grand-père quelques jours plus tôt, il s'était étonné de ne voir personne vous consoler et a décidé de vous adresser une lettre de soutien.

Les mots de Noé étaient merveilleux : « Je suis Noé, un petit Français. J'apprends l'anglais depuis la maternelle et je suis en CP. Je vous écris, ma reine, car j'adore l'Angleterre. Je vous ai vue à la télé et je pense à vous. J'aimerais tant avoir de vos nouvelles. Je vous embrasse, reine Elizabeth II. »

Les vôtres l'étaient tout autant : « Je vous transmets mes sincères remerciements pour vos gentils mots de sympathie suite à la mort de mon mari. »

Noé a eu cette chance, et cet honneur, d'avoir de vos nouvelles. Et soyez-en assurée, Votre Majesté, nous sommes tous, et moi la première, comme Noé. Chacun de vos mots nous est « chair », et vos apparitions plus encore.

Ces deux dernières années, ces derniers mois ne vous ont pas épargnée. Il y a eu ce virus qui a fait tant de mal. Il y a eu la peine causée par la fugue de Harry, et les mots méchants de Meghan. Il y a eu la mort de votre roc, celui qui, en privé, aimait vous appeler « Mon chou » et même « Saucisse » ! Je ne cesse de vous revoir, le cœur serré, le jour des obsèques de Philip, vêtue de noir, voûtée sur votre banc, essuyant une larme discrète. Seule, terriblement seule, à cause des restrictions sanitaires alors en vigueur. Dans votre sac à main : une photo de Philip et vous, prise à Malte, où vous aviez en partie vécu entre 1949 et 1951. Votre force, en ce jour, dans les jours qui ont suivi, était une nouvelle fois la plus belle des déclarations d'amour. Et un encouragement, pour nous tous, vos sujets, à ne jamais nous laisser vaincre par la douleur, par la tristesse, aussi fortes puissent-elles être.

Pas un jour ne passe, Votre Majesté, sans que je pense à vous. Il m'arrive même, presque sans m'en rendre compte, de vous parler à haute voix. Vous dire de bien prendre soin de vous. Penser à vous reposer. Lever le pied sur quelques obligations, que Charles et Camilla, ou Kate et William, pourraient remplir en votre nom.

Je l'avoue, j'ai tremblé en apprenant, à la fin de l'année dernière, que vous aviez annulé un déplacement en Irlande sur les conseils de votre médecin, et que vous aviez dû être hospitalisée. Votre première hospitalisation depuis huit ans ! Elle n'a duré, heureusement, qu'une seule journée. La cause en était un léger rhume et vous avez opposé, comme toujours, votre bonne humeur à ce petit pépin de santé.

J'ai tremblé encore, il y a quelques jours, lorsqu'est tombée cette nouvelle : vous aviez été testée positive au covid-19, peu de temps après Charles. Vos symptômes étaient légers, mais il vous fallait du repos. Des rendez-vous et déplacements étaient annulés. Évidemment, les charognards de la Toile, de Twitter et d'ailleurs profitent de chaque bulletin de santé, de chaque communiqué, pour propager d'atroces rumeurs. Jusqu'à celle, infâme, de votre mort.

Je vous le dis (et même je vous l'écris) tout net : je suis contre votre mort ! Je m'y oppose, je ne veux pas ! Et je ne suis pas la seule. Tout le peuple britannique est avec moi. Ne perdez pas de vue que vous avez un jubilé à fêter ! Soixante-dix ans de règne, ce n'est pas rien ! À cette occasion, nous voulons vous célébrer comme jamais. Déposer à vos pieds toute notre admiration, notre amour, notre fierté d'être dirigés par vous.

C'est ce que j'ai essayé, modestement, de faire avec ce petit livre. Vous êtes notre reine, vous êtes MA reine et j'ai envie de chanter longtemps encore à tue-tête : « God save MY Queen » !

J'ai l'honneur d'être, Madame, la servante humble et dévouée de Votre Majesté.

Annexes

Discours du roi George VI du 6 juin 1944

« Il y a quatre ans, notre nation et notre empire se retrouvaient seuls face à un ennemi écrasant, dos collé au mur. Mis à l'épreuve comme jamais auparavant dans notre histoire, remis à la providence de Dieu, nous avons survécu à cette épreuve. L'esprit du peuple, résolu, dévoué, brûlait comme une flamme lumineuse, sûrement allumée par ces feux invisibles que rien ne peut éteindre.

Maintenant, une fois de plus, nous devons faire face à une dernière épreuve. Cette fois-ci, le défi n'est pas de nous battre pour survivre mais de nous battre pour gagner la victoire finale pour la bonne cause. Une fois de plus, ce qui nous est demandé, à nous tous, c'est bien plus que du courage et de la force. Nous avons besoin de la renaissance de l'esprit, d'une détermination impossible à conquérir. Après près de cinq ans de tourments et de souffrances, nous devons renouveler cette force de combattre, comme lorsque nous avons démarré la guerre et découvert nos heures les plus sombres. Nous et nos Alliés sommes certains que notre bataille se joue contre le mal et en vue d'un monde dans lequel bonté et honneur seront les bases de la vie des hommes dans tous les pays.

Pour que nous puissions être en accord avec ce nouvel appel du destin, je désire solennellement appeler mon peuple à la prière et au dévouement. Nous n'oublions pas nos propres faiblesses, passées et présentes. Nous ne demanderons pas que Dieu réalise notre volonté, mais que nous puissions être en mesure de réaliser la volonté de Dieu. Et nous osons croire que Dieu a utilisé notre nation et notre empire comme un instrument pour réaliser son objectif.

J'espère que tout au long de cette crise de libération de l'Europe, seront adressées des prières sincères, continues et répandues partout. Nous qui restons dans ce pays, pouvons le plus efficacement entrer par la prière dans les souffrances de l'Europe assujettie, ce qui nous permettra de renforcer la détermination de nos marins, soldats et aviateurs qui vont libérer ceux qui sont captifs.

La reine se joint à moi pour vous envoyer ce message. Elle comprend bien les inquiétudes et les soucis de nos femmes en ce moment et elle sait que beaucoup d'entre elles trouveront, comme elle le fait elle-même, une force et un réconfort auprès de Dieu. Elle pense que de nombreuses femmes seront ainsi jointes par la vigile à leurs hommes qui manieront les navires, envahiront les plages et rempliront les cieux.

En ce moment historique, aucun de nous n'est certainement trop occupé, ni trop jeune ni trop vieux pour jouer un rôle dans une veillée de prière nationale, voire mondiale, au moment où la grande bataille se met en place. Si nos intercessions dans chaque lieu de culte, maison et usine, d'hommes et des femmes de tous âges, de nombreuses races et de métiers, peuvent se lever, alors Dieu, veuillez réaliser, maintenant ou dans une futur proche ou lointain, les prédictions de cet ancien Psaume : « Le Seigneur donnera la force à son peuple, le Seigneur donnera la bénédiction de la paix à son peuple. »

Discours de la reine du 5 avril 2020

« Je vous parle à un moment qui, je le sais, est de plus en plus difficile. Une période de bouleversement dans la vie de notre pays, un bouleversement qui a causé du chagrin à certains, entraîné des difficultés financières pour beaucoup, et d'énormes changements dans notre vie quotidienne à tous.

Je tiens à remercier tous ceux de la NHS qui se trouvent en première ligne, ainsi que les travailleurs sociaux et les personnes qui jouent un rôle essentiel, qui poursuivent, dénués de tout égoïsme, leurs tâches quotidiennes, hors de leur foyer, pour nous soutenir tous. Je suis sûre que la nation se joindra à moi pour vous garantir que ce que vous faites est apprécié et que chaque heure de votre dur labeur nous rapproche d'un retour à des temps plus normaux.

Je tiens également à remercier ceux d'entre vous qui restent à la maison, contribuant ainsi à protéger les personnes vulnérables et épargnant à de nombreuses familles la douleur déjà ressentie par ceux qui ont perdu des proches. Ensemble, nous nous attaquons à cette maladie, nous la vaincrons. J'espère que dans les années à venir, chacun pourra être fier de la façon dont il a relevé ce défi. Et ceux qui viendront après nous diront que les Britanniques de cette génération étaient aussi forts que les autres.

Les attributs de l'autodiscipline, de la détermination bienveillante et de la camaraderie caractérisent toujours ce pays. La fierté de ce que nous sommes ne fait pas partie de notre passé, elle définit notre présent et notre avenir. Le moment où le Royaume-Uni s'est réuni pour applaudir ses soignants et ses travailleurs essentiels restera dans les mémoires comme une expression de notre esprit national : et son symbole sera les arcs-en-ciel dessinés par les enfants.

Dans tout le Commonwealth et dans le monde entier, nous avons vu des histoires réconfortantes de personnes qui se sont rassemblées pour aider les autres, que ce soit en livrant des colis de nourriture et des médicaments, en surveillant leurs voisins ou en transformant des entreprises pour aider les secours.

Et même si l'isolement peut parfois être difficile, de nombreuses personnes de toutes les confessions, et de toutes les religions, découvrent qu'il offre une occasion de ralentir, de s'arrêter et de réfléchir, dans la prière ou la méditation.

Cela me rappelle la toute première émission que j'ai faite, en 1940, avec l'aide de ma sœur. Nous, alors enfants, parlions d'ici, à Windsor aux enfants qui avaient été évacués de leurs maisons et envoyés au loin pour leur propre sécurité. Aujourd'hui, une fois de plus, beaucoup ressentiront un douloureux sentiment de séparation d'avec leurs proches. Mais aujourd'hui comme alors, nous savons, au fond de nous, que c'est la bonne chose à faire.

Si nous avons déjà été confrontés à des défis par le passé, celui-ci est différent. Cette fois-ci, nous nous joignons à toutes les nations du monde dans une entreprise commune, en utilisant les grandes avancées de la science et notre compassion instinctive pour guérir.

Nous réussirons – et ce succès appartiendra à chacun d'entre nous. Nous devrions nous consoler en pensant que, même s'il nous reste encore beaucoup à endurer, des jours meilleurs reviendront : nous serons à nouveau avec nos amis, nous serons à nouveau avec nos familles, nous nous retrouverons. »

Remerciements

Arnaud Le Guern et Sophie Gazio sans qui ce livre n'aurait pas existé !

Message à celles et ceux qui on lu mon livre *À moi les petits Français* paru en 2017 aux éditions du Rocher : vous vous posez peut-être la question de savoir si, depuis la parution, j'ai été naturalisée française ? Eh bien, à cause – ou grâce – au Brexit, c'est en cours... Le parcours du combattant continue. Rendez-vous aux salons du livre pour en savoir plus !

Table

IMPRIM'VERT®

Achevé d'imprimer par CPI,
en mars 2022
N° d'imprimeur : 168978

Dépôt légal : avril 2022

Imprimé en France